TEORIA DA CONTABILIDADE FINANCEIRA

O GEN | Grupo Editorial Nacional – maior plataforma editorial brasileira no segmento científico, técnico e profissional – publica conteúdos nas áreas de ciências sociais aplicadas, exatas, humanas, jurídicas e da saúde, além de prover serviços direcionados à educação continuada e à preparação para concursos.

As editoras que integram o GEN, das mais respeitadas no mercado editorial, construíram catálogos inigualáveis, com obras decisivas para a formação acadêmica e o aperfeiçoamento de várias gerações de profissionais e estudantes, tendo se tornado sinônimo de qualidade e seriedade.

A missão do GEN e dos núcleos de conteúdo que o compõem é prover a melhor informação científica e distribuí-la de maneira flexível e conveniente, a preços justos, gerando benefícios e servindo a autores, docentes, livreiros, funcionários, colaboradores e acionistas.

Nosso comportamento ético incondicional e nossa responsabilidade social e ambiental são reforçados pela natureza educacional de nossa atividade e dão sustentabilidade ao crescimento contínuo e à rentabilidade do grupo.

EDUARDO FLORES
GUILLERMO BRAUNBECK
NELSON CARVALHO

(organizadores)

TEORIA DA
CONTABILIDADE
FINANCEIRA

FUNDAMENTOS E APLICAÇÕES

Adriana Lotze Martinez • Alan Góis • Arthur José Cunha Bandeira de Mello Joia
Caio Russo • Daiana Bragueto Martins • Denis Lima e Alves • Eduardo Flores
Elise Soerger Zaro • Fernando Lima Trambacos • Flávia Maciel
Guillermo Braunbeck • Helen Oliveira • Leide V. M. Moreira • Luciano Nunberg Peres
Ludmila de Melo Souza • Maiara Sasso • Martha Bianchi • Nádia Alves de Sousa
Nelson Carvalho • Vítor Hideo Nasu • William M. de Gouveia

Os autores e a editora empenharam-se para citar adequadamente e dar o devido crédito a todos os detentores dos direitos autorais de qualquer material utilizado neste livro, dispondo-se a possíveis acertos caso, inadvertidamente, a identificação de algum deles tenha sido omitida.

Não é responsabilidade da editora nem dos autores a ocorrência de eventuais perdas ou danos a pessoas ou bens que tenham origem no uso desta publicação.

Apesar dos melhores esforços dos autores, do editor e dos revisores, é inevitável que surjam erros no texto. Assim, são bem-vindas as comunicações de usuários sobre correções ou sugestões referentes ao conteúdo ou ao nível pedagógico que auxiliem o aprimoramento de edições futuras. Os comentários dos leitores podem ser encaminhados à **Editora Atlas Ltda.** pelo e-mail editorialcsa@grupogen.com.br.

Direitos exclusivos para a língua portuguesa
Copyright © 2018 by
Editora Atlas Ltda.
Uma editora integrante do GEN | Grupo Editorial Nacional

Reservados todos os direitos. É proibida a duplicação ou reprodução deste volume, no todo ou em parte, sob quaisquer formas ou por quaisquer meios (eletrônico, mecânico, gravação, fotocópia, distribuição na internet ou outros), sem permissão expressa da editora.

Rua Conselheiro Nébias, 1384
Campos Elíseos, São Paulo, SP – CEP 01203-904
Tels.: 21-3543-0770/11-5080-0770
editorialcsa@grupogen.com.br
www.grupogen.com.br

Designer de capa: Caio Cardoso
Imagens da capa: bob_bosewell | iStockphoto
phototechno | iStockphoto
Editoração Eletrônica: Bianca Galante

CIP-BRASIL. CATALOGAÇÃO NA PUBLICAÇÃO
SINDICATO NACIONAL DOS EDITORES DE LIVROS, RJ

T29

Teoria da contabilidade financeira : fundamentos e aplicações / organização Eduardo Flores , Guillermo Braunbeck , Nelson Carvalho. – São Paulo: Atlas, 2018.

Inclui bibliografia
ISBN 978-85-97-01362-7

1. Contabilidade. I. Flores, Eduardo. II. Braunbeck, Guillermo. III. Carvalho, Nelson.

17-45532	CDD: 657
	CDU: 657

Material Suplementar

Este livro conta com o seguinte material suplementar:

■ Casos com questões e respostas sugeridas pelos autores. Questões de múltipla escolha com a indicação da resposta certa (restrito a docentes).

O acesso aos materiais suplementares é gratuito. Basta que o leitor se cadastre em nosso *site* (www.grupogen.com.br), faça seu *login* e clique em Ambiente de Aprendizagem, no menu superior do lado direito.

É rápido e fácil. Caso haja dificuldade de acesso, entre em contato conosco (sac@grupogen.com.br).

GEN-IO (GEN | Informação Online) é o repositório de materiais suplementares e de serviços relacionados com livros publicados pelo GEN | Grupo Editorial Nacional, maior conglomerado brasileiro de editoras do ramo científico-técnico-profissional, composto por Guanabara Koogan, Santos, Roca, AC Farmacêutica, Forense, Método, Atlas, LTC, E.P.U. e Forense Universitária. Os materiais suplementares ficam disponíveis para acesso durante a vigência das edições atuais dos livros a que eles correspondem.

Nota sobre os Organizadores

Eduardo Flores

Doutor em Contabilidade pela Faculdade de Economia, Administração e Contabilidade da Universidade de São Paulo (FEA-USP). Mestre e Bacharel em Ciências Contábeis pela Fundação Escola de Comércio Álvares Penteado (FECAP). Membro do Comitê de Pronunciamentos Contábeis (CPC), representando a Confederação Nacional da Indústria (CNI). *Alternate board member* no The International Integrated Reporting Council (The IIRC). Pós-Doutorando em Finanças na Escola de Administração de Empresas de São Paulo da Fundação Getulio Vargas (FGV-EAESP). Pós-Doutorando em Contabilidade pela FEA-USP. Bacharel em Ciências Atuárias pela FEA-USP.

Guillermo Braunbeck

Professor-Doutor da FEA-USP e Controlador-Geral Adjunto da Universidade de São Paulo (USP). Membro votante do CPC e Diretor Financeiro da Fundação de Apoio ao Comitê de Pronunciamentos Contábeis (FACPC). Participou e participa como membro de diversos Conselhos Fiscais. Atuou como gerente de projetos no International Accounting Standards Board (IASB) em Londres, Reino Unido.

Nelson Carvalho

Doutor e Mestre em Contabilidade pela FEA-USP, onde leciona como Professor Sênior. Bacharel em Economia pela mesma Faculdade. Ex-membro e atual Consultor do CPC. Especialista em litígios empresariais envolvendo questões contábeis, financeiras e de auditoria. Árbitro em Câmaras de Arbitragem no Brasil e no exterior. Membro de Conselhos de Administração e Comitês Estatutários de Auditoria de companhias abertas.

Nota sobre os Colaboradores

Adriana Lotze Martinez

Mestra em Controladoria e Contabilidade pela Faculdade de Economia, Administração e Contabilidade da Universidade de São Paulo (FEA-USP) e Graduada em Ciências Contábeis pela Universidade de Santo Amaro – UNISA (2009).

Alan Diógenes Góis

Doutorando em Controladoria e Contabilidade pela FEA-USP. Mestre em Administração e Controladoria e Bacharel em Ciências Contábeis pela UFC. Bolsista pela Fundação de Amparo à Pesquisa do Estado de São Paulo (Processo 2016/10738-5). Pesquisador do Laboratório de Mercado Financeiro da FEA-USP. Possui pesquisas sobre Qualidade da Informação Contábil, Reputação Corporativa e *Behavioral Accounting*.

Arthur José Cunha Bandeira de Mello Joia

Auditor Fiscal da Receita Federal do Brasil. Doutorado em andamento em Contabilidade e Controladoria na FEA-USP. Especialista em Direito Tributário pela FGV-SP. Bacharel em Direito pela UNIRIO. Bacharel em Ciências Econômicas pela UFRJ.

Caio Ponara Russo

Bacharel e Mestre em Ciências Contábeis e pela FEA-USP.

Daiana Bragueto Martins

Doutoranda em Contabilidade pela FEA-USP. Mestre em Contabilidade pela UFPR. Especialista em Contabilidade e Controladoria Empresarial pela UEL. Bacharel em Ciências Contábeis pela UNOPAR. Graduada em Letras pela UEL. Docente do Curso de Bacharelado em Ciências Contábeis na UEL. Autora do livro *Problem-Based Learning – PBL no ensino de contabilidade: guia orientativo para professores e estudantes da nova geração*.

Denis Lima e Alves

Doutorando em Contabilidade pela FEA-USP. Mestre em Administração e Bacharel em Contabilidade e Biologia pela Universidade Federal de Uberlândia (UFU). Professor da linha de Finanças na Faculdade de Gestão e Negócios (FAGEN/UFU).

Elise Soerger Zaro

Doutoranda em Controladoria e Contabilidade pela FEA-USP. Mestra em Contabilidade pela Universidade Federal de Santa Catarina (UFSC) e Bacharel em Ciências Contábeis pela Universidade do Oeste de Santa Catarina (UNOESC). Perita contadora em questões trabalhistas, tributárias e contábeis.

Fernando Lima Trambacos

Doutorando em Contabilidade pela FEA-USP. Bacharel em Direito e em Contabilidade pela USP. Especialista em gestão financeira, planejamento societário e tributário.

Flávia Fonte de Souza Maciel

Mestra em Contabilidade pela FEA-USP. MBA em Finanças e Controladoria pelo INPG. Bacharel em Ciências Contábeis pela UFPE. Professora da Universidade Anhembi Morumbi. Consultoria para a FIPECAFI, no projeto de assessoria ao Estado de São Paulo para convergência às IPSAS, e para a Deloitte Treinamento Profissional, ministrando cursos sobre a aplicação das práticas contábeis (CPC e IFRS). Nove anos de experiência como Auditora Externa em Big Four.

Helen Cristina Silva Oliveira

Mestra em Ciências pela FEA-USP. Possui Bacharelado em Economia e Contabilidade pelo Centro Universitário FECAP; atuou no segmento automotivo com experiência na área Contábil e foco em *Compliance* e Controles Internos, e atualmente trabalha com consultoria contábil.

Leide Vania Miranda Moreira

Doutoranda em Contabilidade pela FEA-USP. Mestra e Bacharela em Ciências Contábeis pela FEA-USP.

Nota sobre os Colaboradores

Luciano Nurnberg Peres

Mestre em Contabilidade pela FEA-USP. Bacharel em Ciências Contábeis pela Universidade Estadual de Maringá (UEM). Membro do Observatório de Gestão Pública da FEA-USP.

Ludmila de Melo Souza

Doutoranda em Controladoria e Contabilidade pela FEA-USP, mestre e bacharel em Ciências Contábeis pela Universidade de Brasília (UnB). Membro do Observatório de Gestão Pública da Universidade de São Paulo (OGP--FEA-USP) e Professora Assistente da Universidade de Brasília (UnB).

Maiara Sasso

Mestre em Contabilidade pela FEA-USP. Bacharel em Ciências Contábeis pela Universidade Estadual de Maringá.

Martha Regina Meira Bianchi

Mestre em Contabilidade pela FEA-USP. Bacharel em Ciências Econômicas pela UNESP. Coordenadora do Curso de Ciências Contábeis da Faculdade Anhanguera de Valinhos.

Nádia Alves de Sousa

Formada em Finanças pela Fucape Business School e pós-graduada em IFRS pela FIPECAFI. Atualmente, Mestra em Controladoria e Contabilidade na USP. No mercado, atua como Coordenadora de Finanças em grande banco brasileiro.

Vitor Hideo Nasu

Mestre e Doutorando em Controladoria e Contabilidade pela FEA-USP. Bacharel em Ciências Contábeis pela Universidade Estadual de Londrina (UEL).

William Martins de Gouveia

Doutorando e Mestre em Controladoria e Contabilidade pela FEA-USP. Bacharel em Ciências Contábeis pela Universidade Estadual de Londrina.

Apresentação

Este livro tem simultaneamente dois objetivos principais.

Por um lado, busca oferecer uma visão estruturada dos fundamentos sobre os quais a contabilidade financeira se apoia, a partir de uma reflexão centrada na utilidade dessa área do conhecimento para aqueles que dela fazem uso ou extraem algum benefício.

Por outro lado, o livro também busca abordar de maneira crítica e contemporânea as fronteiras, desafios, limitações e oportunidades que fazem parte da trajetória de desenvolvimento da teoria da contabilidade financeira.

O conteúdo deste livro e sua estrutura se originaram da experiência acumulada em muitos anos de discussões nas aulas da disciplina de Teoria da Contabilidade do Programa de Pós-graduação em Controladoria e Contabilidade (PPGCC) do Departamento de Contabilidade e Atuária da Faculdade de Economia, Administração e Contabilidade da Universidade de São Paulo (FEA-USP).

Consequentemente, trata-se de uma obra valiosa para professores e alunos que visa contribuir para estudos avançados de teoria da contabilidade financeira em cursos de graduação, bem como um guia relevante para docentes e pesquisadores que pretendem conduzir estudos e disciplinas de teoria da contabilidade financeira em cursos de pós-graduação.

Não obstante sua origem acadêmica, este livro extrapola os limites dos laboratórios científicos da contabilidade financeira ao abordar em seu conteúdo questões de alta relevância para a prática profissional que envolvem a captura, mensuração e divulgação de eventos econômicos. A emergência de padrões contábeis que se embasam mais em princípios do

Apresentação

que em regras faz necessária uma reflexão estruturada sobre os objetivos dos relatórios financeiro-contábeis de uso comum, seus atributos, seus contornos e seus elementos. O conhecimento das normas contábeis *per se* não mais é suficiente a preparadores, usuários e auditores para que os relatórios financeiros possam cumprir seu papel. O regresso à essência econômica dos fatos e eventos que a contabilidade captura, mensura e narra é condição *sine qua non* dentro do atual ordenamento contábil. Nesse contexto, este livro oferece uma contribuição efetiva para a prática contábil ao provocar a reflexão fundamentada sobre o fenômeno contábil e seus motivadores, reflexão essa que é essencial para o exercício dos julgamentos necessários à prática profissional nos dias atuais.

Adicionalmente, quer seja para aqueles que se devotam ao estudo das questões teóricas da contabilidade financeira com propósitos científicos ou para os que buscam construir julgamentos fundamentados e robustos no âmbito da prática profissional, este livro oferece questões e estudos de caso que permitem consolidar e mesmo ampliar as fronteiras do conhecimento abordadas em cada um de seus capítulos e, dessa forma, contribuir para a construção sólida de conhecimento em contabilidade financeira.

Os professores cadastrados no *site* do GEN | Atlas contarão com estudos de caso, atividades e questões de múltipla escolha com respostas.

Os Organizadores.

Prefácio

Foi com grande satisfação e certa surpresa que recebi o convite de confeccionar o prefácio do livro *Teoria da contabilidade financeira: fundamentos e aplicações*, organizado pelos amigos Nelson, Guillermo e Eduardo. A surpresa se deveu a minha percepção de que, usualmente, os autores de prefácios são mais "experientes" do que eu. No entanto, em uma incursão pelos meus arquivos pessoais descobri que no ano de 2017 completo 20 anos de militância acadêmica na contabilidade – sempre envolvido com temas de teoria contábil. Sendo assim, creio que minha surpresa se deve mais à constatação natural de que o tempo realmente passa depressa!

Minha satisfação vem de saber que os professores Nelson, Guillermo e Eduardo mantêm viva a forte tradição do Departamento de Contabilidade da FEA-USP de produzir material didático acessível e ao mesmo tempo profundo sobre as grandes reflexões da contabilidade. O trabalho, fruto de pesquisas desenvolvidas pelos alunos de pós-graduação da FEA, traz a saudável integração entre os professores e pesquisadores mais experientes e seus discípulos, neófitos aos temas. Essa integração garante não somente que o presente seja adequadamente provido de bom material técnico, mas que as sementes de produções futuras sejam semeadas.

O livro faz uma interessante incursão pelas diferentes correntes teóricas da contabilidade moderna em linguagem acessível aos alunos de graduação e pós-graduação. O texto discute com a profundidade adequada as vertentes econômicas e sociais da pesquisa em contabilidade sem deixar de apontar criticamente suas principais características e peculiaridades. As referências

Prefácio

bibliográficas de cada capítulo são fonte importante de orientação para o estudo, principalmente para os iniciantes do tema.

Em vez de adotar um determinado veio teórico e repudiar os demais – fato, infelizmente, comum no Fla-Flu de ideias que se abate sobre nossa produção acadêmica –, o livro apresenta de forma crítica as várias direções e ilustra por meio de casos as diversas aplicações. Essa visão, realmente científica, permite que o leitor chegue a suas próprias conclusões. Essa característica marcante fará, com certeza, que o texto seja base para disciplinas de teoria da contabilidade nos cursos de graduação e pós-graduação no Brasil. Tal fato irá contribuir para um aumento da qualidade das pesquisas realizadas no Brasil, uma vez que os futuros pesquisadores terão uma visão mais consciente e aberta dos temas.

Enfim, é uma excelente contribuição para o campo no Brasil que carece bastante de trabalhos teóricos de profundidade. Sem me estender mais, gostaria de desejar que este excelente trabalho seja utilizado não somente por acadêmicos e aspirantes a acadêmicos em contabilidade. Profissionais que em suas atividades têm relação com temas contábeis podem se beneficiar bastante dos ensinamentos apresentados neste material. A distância entre a teoria e a prática de alto nível em nosso meio é muito grande e não é justificada pela realidade empresarial que a cada dia é mais demandante de soluções sofisticadas e teoricamente embasadas. O contador moderno, em vez de um mero escriturador, precisa lidar com a avaliação de títulos e valores mobiliários, *impairment* de ativos, *goodwill*, entre outros temas que demandam forte base conceitual. A necessidade de equipar com um embasamento teórico mais profundo os nossos profissionais não é um mero desejo ou expectativa fantasiosa de um futuro diferente. A prática contábil moderna de alto nível já demanda dos profissionais o domínio de um ferramental que vai muito além do tradicionalmente fornecido em nossas universidades. Este livro irá contribuir em muito neste processo de preparação.

Alexsandro Broedel Lopes

Professor Titular de Contabilidade da Faculdade de Economia, Administração e Contabilidade da Universidade de São Paulo

Sumário

Capítulo 1 – Teoria da contabilidade: em busca dos fundamentos do fenômeno contábil, 1

Eduardo Flores, Guillermo Oscar Braunbeck, Nelson de Carvalho

1.1 Introdução, 2
1.2 Contabilidade: arte, ciência ou técnica?, 3
1.3 Assimetria informacional, 4
1.4 A informação contábil no cenário de assimetria, 5
1.5 O processo contábil, 7
    1.5.1 Identificação do evento econômico, 9
    1.5.2 Mensuração, 10
    1.5.3 Consolidação, 14
    1.5.4 Apresentação e divulgação, 17
Breves conclusões, 20
Referências, 22

Capítulo 2 – Características, utilidade e objetivo da contabilidade, 25

Arthur José Cunha Bandeira de Mello Joia, Eduardo Flores, Luciano Nurnberg Peres, Ludmila de Melo Souza, Martha Regina Meira Bianchi

2.1 Introdução, 26
2.2 Evolução e função da contabilidade, 26
2.3 Principais fatores que influenciam a contabilidade, 27

Sumário

2.4 Contabilidade e economia, 28
    2.4.1   O problema da informação, 28
    2.4.2   Conflitos e assimetrias nas relações econômicas, 30
2.5 Contabilidade: motivação e incentivos, 31
2.6 Contabilidade e sociedade, 33
Breves conclusões, 35
Referências, 36
Estudo de caso, 38
Questões de múltipla escolha, 39
Questões para reflexão, 42
Referências adicionais para aprofundamento, 43

Capítulo 3 – O que é teoria da contabilidade?, 45

ALAN DIÓGENES GÓIS, EDUARDO FLORES, HELEN CRISTINA SILVA OLIVEIRA, VITOR HIDEO NASU

3.1 Introdução, 46
3.2 Definições de teoria e teoria contábil, 46
    3.2.1   O que é a teoria?, 46
3.3 A pesquisa normativa e positiva em contabilidade, 49
3.4 A pesquisa contábil, 50
3.5 Teoria geral da contabilidade, 52
3.6 Teoria da contabilidade financeira, 54
3.7 Teorias alternativas da contabilidade, 55
    3.7.1   Teoria da legitimidade, 56
    3.7.2   Teoria da comunicação e semiótica, 57
    3.7.3   Teoria crítica aplicada à contabilidade, 58
Breves conclusões, 60
Referências, 61
Estudo de caso, 63
    Parte 1, 64
    Parte 2, 66
    Parte 3, 66
Questões de múltipla escolha, 68
Questões para reflexão, 72
Referências adicionais para aprofundamento, 73

Capítulo 4 – Teoria da contabilidade financeira e estruturas conceituais, 77

CAIO PONARA RUSSO, EDUARDO FLORES, ELISE SOERGER ZARO, FERNANDO LIMA TRAMBACOS, FLÁVIA FONTE DE SOUZA MACIEL

4.1 Introdução, 78
    4.1.1   Teoria da contabilidade e estruturas conceituais, 78
4.2 Princípios contábeis, 79
    4.2.1   A origem dos princípios contábeis, 79

Sumário

4.2.2 Definição de princípios contábeis, 81
4.2.3 Postulados contábeis, 81
4.2.4 Críticas à abordagem por princípios, 82
4.3 Estruturas conceituais, 83
    4.3.1 Evolução histórica das estruturas conceituais, 83
        4.3.1.1 ASOBAT, 83
            4.3.1.1.1 Pronunciamento nº 4 do APB, 84
        4.3.1.2 Estruturas conceituais FASB/IASB, 84
        4.3.1.3 Estruturas conceituais no Brasil, 87
    4.3.2 Hierarquia das normas contábeis, 88
        4.3.2.1 Objetivos, 89
        4.3.2.2 Informação necessária, 89
        4.3.2.3 Características qualitativas, 89
        4.3.2.4 Fundamentos, 91
        4.3.2.5 Padrões, 91
        4.3.2.6 Interpretações, 91
        4.3.2.7 Práticas, 91
4.4 Debates atuais sobre estruturas conceituais, 92
    4.4.1 Estruturas baseadas em regras *versus* estruturas baseadas em princípios, 92
        4.4.1.1 A influência do sistema jurídico nesse debate, 93
    4.4.2 Uniformização *versus* harmonização das normas contábeis, 94
Breves conclusões, 95
Referências, 96
Estudo de caso, 97
Questões de múltipla escolha, 99
Questões para reflexão, 103
Referências adicionais para aprofundamento, 104

Capítulo 5 – O ativo e sua mensuração, 107

ADRIANA LOTZE MARTINEZ, DENIS LIMA E ALVES, EDUARDO FLORES, FLÁVIA FONTE DE SOUZA MACIEL, NÁDIA ALVES DE SOUZA

5.1 Introdução 108
    5.1.1 Qual a importância de definir o que é ativo?, 108
5.2 Ativo – Conceitos, 109
    5.2.1 Ativo – conceito abrangente, 116
5.3 Mensuração de ativos, 119
    5.3.1 Bases de mensuração, 121
    5.3.2 Valor justo: o que é?, 124
    5.3.3 Valor presente, 126
Breves conclusões, 127

Sumário

Referências, 128
Estudo de caso, 129
Questões de múltipla escolha, 131
Questões para reflexão, 135
Referências adicionais para aprofundamento, 135

Capítulo 6 – Passivo, patrimônio líquido e conservadorismo, 137

Eduardo Flores, Helen Cristina Silva Oliveira, Leide Vânia Miranda Moreira, William Martins de Gouveia

6.1 Introdução, 138
6.2 Passivo, 138
    6.2.1 Características específicas dos passivos, 139
    6.2.2 Mensuração e reconhecimento, 140
    6.2.3 O que são contingências?, 141
    6.2.4 O que é passivo contingente?, 141
    6.2.5 Reconhecimento passivo contingente?, 141
6.3 Patrimônio líquido, 142
    6.3.1 Principais fontes do patrimônio líquido, 142
    6.3.2 Divisão do patrimônio líquido, 142
    6.3.3 Passivo e patrimônio líquido, 143
    6.3.4 Principais abordagens do patrimônio líquido, 143
    6.3.5 Teoria da propriedade, 144
    6.3.6 Teoria da entidade, 144
    6.3.7 Teoria de direitos residuais, 144
    6.3.8 Teoria empresarial, 145
6.4 Passivo *versus* patrimônio líquido, 145
    6.4.1 Dívida ou patrimônio?, 145
    6.4.2 Instrumentos compostos, 148
    6.4.3 O patrimônio líquido é um passivo contra os acionistas?, 150
    6.4.4 Obrigação estatutária *versus* contratual, 150
    6.4.5 Interesse residual, 152
6.5 Conservadorismo, 153
    6.5.1 Conservadorismo *versus* neutralidade, 154
    6.5.2 Prudência ou assimetria de ganhos e perdas?, 155
    6.5.3 Tipos de conservadorismo, 156
Breves conclusões, 157
Referências, 158
Estudo de caso 1, 159
Estudo de caso 2, 161
Questões de múltipla escolha, 161
Questões para reflexão, 165
Referências adicionais para aprofundamento, 166

Capítulo 7 – Receitas, despesas, ganhos, perdas e lucro, 169

Daiana Bragueto Martins, Eduardo Flores, Ludmila de Melo Souza, Maiara Sasso, Martha Regina Meira Bianchi

7.1   Apresentando as contas de resultado, 170
    7.1.1   Receita, 170
        7.1.1.1   Conceitos existentes, 170
        7.1.1.2   Reconhecimento de receitas, 172
    7.1.2   Despesa, 173
        7.1.2.1   Conceitos existentes, 173
        7.1.2.2   Registro de despesas, 174
    7.1.3   Ganhos e perdas, 174
    7.1.4   Contas de resultado e balanço patrimonial, 175
    7.1.5   Lucro, 176
    7.1.6   Lucro econômico e lucro contábil, 177

Breves conclusões, 179

Referências, 180

Estudo de caso 1, 181

Referências complementares – Estudo de caso 1, 182

Estudo de caso 2, 183

Questões de múltipla escolha, 184

Questões para reflexão, 187

Referências adicionais para aprofundamento, 188

1

Teoria da contabilidade: em busca dos fundamentos do fenômeno contábil

EDUARDO FLORES
GUILLERMO OSCAR BRAUNBECK
NELSON CARVALHO

Toda a teoria deve ser feita para poder ser posta em prática, e toda a prática deve obedecer a uma teoria. Só os espíritos superficiais desligam a teoria da prática, não olhando a que a teoria não é senão uma teoria da prática, e a prática não é senão a prática de uma teoria...

(PESSOA, 1926).

Capítulo 1

1.1 Introdução

O propósito desta seção inicial é o de delimitar e explorar o que nesta obra se denomina **teoria da contabilidade**. O que é teoria da contabilidade? Qual sua importância? Qual o objetivo da contabilidade? Quais os desafios para atingir esse objetivo dentro do processo contábil? Temos os fundamentos teóricos de que precisamos para o desenvolvimento profícuo dessa área do conhecimento humano?

Sem a pretensão de oferecer respostas definitivas ou terminais a essas inquietações, pretende-se aqui organizar alguns conceitos e ideias que eventualmente contribuirão à reflexão que esta obra pretende provocar.

No senso comum, muitos podem porventura se referir à teoria como algo abstrato, idealista ou mesmo descabido de utilidade prática justamente por ser "teórico". Entretanto, quando nos referimos à construção do conhecimento científico, a teoria surge como um elemento-chave para a compreensão dos fenômenos sobre os quais se debruçam aqueles que buscam conhecer algo. A teoria nos ajuda a explicar as regularidades dos fenômenos sobre os quais nos debruçamos (MARTINS; THEÓPHILO, 2007, p. 28) e passa, portanto, a ser peça fundamental na construção e evolução do conhecimento.

De mãos dadas com a capacidade explicativa de um ou mais fenômenos está a busca pela capacidade de prever a ocorrência dos fenômenos. Compreender um fenômeno inclui nossa capacidade de compreender o que o causa, precede ou determina. Ao compreendermos as causas de um fenômeno, passa a ser ao menos possível potencialmente a atuação do engenho humano sobre ele. É essa capacidade de explicar e prever fenômenos humanos e da natureza que permite à ciência o desenvolvimento de curas de doenças, a construção de naves espaciais, o desenvolvimento de modelos que permitiram a estabilização de preços em regimes hiperinflacionários, entre muitos outros exemplos.

Portanto, conhecer um fenômeno é ser capaz de explicá-lo na sua gênese. A investigação no campo da biologia permite já há algum tempo entender o porquê de determinadas características físicas dos seres humanos, como a cor de seus olhos ou seu tipo sanguíneo. A inquietação acerca do funcionamento da combinação de genes resultante da reprodução sexuada permitiu que hoje se saiba que a coloração dos olhos de um bebê decorre do pareamento de genes, que podem ser dominantes ou recessivos, o que explica, finalmente, por que o filho de pai e mãe de olhos claros terá olhos claros, por exemplo. Ao entendermos o funcionamento da natureza e das coisas ganhamos a capacidade de prever. Se X ocorrer, Y possivelmente ocorrerá.

Esse tipo de assertiva, ainda que provisória e sujeita a contestações, só é possível a partir da arquitetura que engendra o conhecimento do fenômeno que estiver sob a lupa daquele que o busca conhecer.

O fenômeno que nos interessa aqui é o "fenômeno contábil". Entendemos como fenômeno contábil o processo observado a partir da firma (como *locus* de contratos) que deriva de relações econômicas (i.e., eventos e transações que ensejam decisões de consumo ou investimento) e que transforma dados em informação. Informação que valida, desafia e até mesmo modifica as relações existentes (e que lhes deu origem) e também subsidia novas relações e decisões a serem tomadas. Nosso foco é, portanto, buscar conhecimento sobre o que denominaremos **processo contábil**.

Importante notar que não se pretende nesta reflexão aqui proposta, nem sequer seria necessário fazê-lo, ingressar na discussão se a contabilidade é ou não uma ciência. Porquanto seja uma discussão rica e necessária no âmbito da epistemologia, ao nosso propósito basta delimitar a contabilidade como campo de conhecimento que se devota ao processo contábil. Logo, como expressaram Iudícibus, Martins e Carvalho (2005, p. 8), a pedra fundamental que sustenta o que denominam **edifício contábil** pode ser definida como "a contabilidade seguindo, relatando e respeitando a essência dos eventos econômicos que captura e mede".

1.2 Contabilidade: arte, ciência ou técnica?

Qualquer que seja a conclusão (ou falta dela) à "provocação" de Martins (1988, p. 16), é possível afirmar que a contabilidade é tão antiga quanto o homem. Seus primeiros sinais objetivos remontam a 2000 a.C., por intermédio dos inventários de números de instrumentos de caça e pesca e dos rebanhos, e já sinalizam uma forma rudimentar de contabilidade (IUDÍCIBUS, 2004, p. 34).

Tendo o evento econômico como sua matéria-prima básica, não nos causa estranheza quando Martins (1988, p. 18) comenta que a contabilidade nasce "gerencial", ou seja, voltada para satisfazer a necessidade do gestor, no provimento de informação útil para subsidiar as decisões que deve tomar no curso dos seus negócios.

Também nesse sentido colocam Iudícibus, Martins e Carvalho (2005, p. 8) que a contabilidade nasceu das necessidades dos gestores à procura de um modelo que inicialmente foi descritivo, e, posteriormente, com sua evolução, passou a ter caráter mais marcadamente preditivo. A contabilidade nasce, portanto, antes das leis, dos Estados nacionais ou mesmo da tributação ou

Capítulo 1

regulação econômica. E se perpetua e se sofistica como fruto da multiplicação de seus usuários e da própria evolução econômica da humanidade, como área de conhecimento de característica essencialmente utilitária, com o objetivo de informar os tomadores de decisão sobre o objeto da contabilidade, a saber: o patrimônio e suas variações quantitativas e qualitativas (IUDÍCIBUS; MARTINS; CARVALHO, 2005, p. 12).

Em síntese, Iudícibus, Martins e Carvalho (2005, p. 11) colocam que

> À medida que foram aparecendo, como consequência da evolução dos tempos e das organizações, os outros *players*, a Contabilidade foi se transformando, aos poucos, de um engenhoso sistema de escrituração e demonstrações contábeis simplificadas, num complexo sistema de informação e avaliação, com características científicas, institucionais e sociais de grande relevo e tendo, como objetivo central, suprir a necessidade informacional de seus usuários internos e externos à entidade a que se refere.

Partindo, portanto, da ideia acima, de que o objetivo central da contabilidade é o de suprir uma **necessidade informacional** de um conjunto já bastante vasto de usuários, essa necessidade pode ser mais bem compreendida a partir de um conceito "importado" do ramo da economia que se dedica à compreensão do papel da informação nas decisões de investimento.

1.3 Assimetria informacional

Tipicamente, os manuais de microeconomia constroem suas análises sobre os mercados partindo do pressuposto de que compradores e vendedores são detentores de informação "perfeita" acerca da qualidade dos bens transacionados nesses mercados. Segundo Varian (2006, p. 745), esse pressuposto é defensável se o custo para verificar a qualidade de um bem não for relevante, cenário em que se teria a precificação adequada dos bens conforme sua qualidade em condições de equilíbrio.

Entretanto, Akerlof (1970) buscou explorar os mecanismos de mercado em condições nas quais se relaxe o pressuposto acima referido, ao partir da visão de que, ao menos em alguns mercados, os compradores não detêm informação perfeita acerca da qualidade dos bens ofertados.

O desenvolvimento teórico de Akerlof (1970, p. 489) utiliza a ilustração do mercado de veículos usados, mediante o qual exemplifica sua teoria de que, em condições de assimetria informacional acerca da qualidade dos veículos (se são "bons" carros ou se são "limões", i.e., carros de baixa qualidade), os carros de qualidade inferior deslocam do mercado os carros de melhor qualidade a um dado preço médio praticado. O preço médio é justamente a expressão do contexto de assimetria, posto não ser possível distinguir os bons carros dos "limões". Na dedução do seu modelo teórico geral, no qual compara o equilíbrio em condição de assimetria de informação com o equilíbrio em condição de informação simétrica, Akerlof conclui que há um ganho de utilidade no equilíbrio em condição de simetria. Daí se deduz que, em condições de assimetria informacional, se manifesta uma falha de mercado, resultante de externalidade entre os vendedores de carros bons e carros ruins (VARIAN, 2006, p. 747). Ou, dito de outra forma, tem-se nas situações caracterizadas por informação assimétrica entre vendedores e compradores um efeito de **seleção adversa**, em que a composição dos que optam por vender seu carro em termos de qualidade muda adversamente quando o preço cai (STIGLITZ; WALSH, 2003, p. 240).

Os paralelos com o mercado de capitais ou mesmo mercado de dívida são bastante intuitivos. Os ativos transacionados são os valores mobiliários, cujo preço deveria refletir a avaliação dos compradores e suas expectativas dos benefícios econômicos de caixa a valor presente (ASSAF NETO, 2009, p. 645). Entretanto, os compradores potenciais não conhecem a empresa (i.e., a "máquina" que se espera ser capaz de gerar os fluxos prometidos) tão bem quanto seus gestores (ou controladores). Existe, portanto, condição semelhante ao mercado de veículos usados, de assimetria informacional acerca da qualidade dos ativos, que podem ser de boa qualidade ou "limões".

1.4 A informação contábil no cenário de assimetria

A síntese que oferecem Lopes e Martins (2014, p. 32) é profícua para integrar o problema de assimetria informacional entre vendedores e compradores na análise do papel da informação contábil, dentro do que referidos autores denominam **teoria contratual da firma**.

Como já referido anteriormente, o prisma de caracterização da firma é de **nexo contratual** entre distintos e diversos **indivíduos maximizadores** de suas próprias utilidades, unidos por elos contratuais (explícitos ou não) que determinam as condições em que será "repartido" o valor que se gera pela atividade dessa firma.

Nesse emaranhado de contratos, é possível inserir, então, a ideia de que existirá algum grau de assimetria informacional. Parece razoável supor, por exemplo, que *insiders* (gestores ou mesmo os acionistas controladores) possuem mais informação da firma que *outsiders* (credores, acionistas não controladores etc.).

Capítulo 1

Qual é, afinal, o papel da contabilidade nesse cenário?

Sunder (1997, p. 20) entende que a contabilidade cumpre o papel de mensurar a contribuição, o resultado e a "fatia" de cada participante no valor da empresa e dos seus respectivos contratos, além de distribuir informação para outros potenciais participantes. A contabilidade potencialmente teria condições de mitigar a assimetria informacional e ofereceria subsídios, por exemplo, para o alinhamento de interesses entre gestores e proprietários mediante a remuneração dos executivos com base no desempenho da firma, mensurado pela contabilidade.

Essa abordagem não difere substancialmente da oferecida por Healy e Palepu (2001), na qual analisam a pesquisa no tocante à divulgação de informação contábil. Esses autores partem do suposto de que problemas de informação e de incentivo impedem a alocação eficiente de recursos na economia do mercado de capitais. O problema informacional, inspirado nos "limões" de Akerlof, é fruto de assimetria entre empreendedores e investidores, o qual pode resultar na situação em que o mercado de capitais subavalie bons projetos ou atribua valor excessivo a projetos de pior qualidade, numa situação de clara seleção adversa à la Akerlof. O problema de agência é descrito a partir da teoria da agência de Jensen e Meckling (1976), destacando que os investidores que destinam sua poupança a empreendimentos poderão se ver expropriados pelos empreendedores que receberam o mandato de administrar o projeto no qual os investidores aplicaram seus recursos excedentes e por meio dos quais esperam ver sua riqueza se multiplicar.

Dentro desse contexto dos problemas que desafiam a alocação eficiente dos excedentes poupados em projetos demandantes de recurso, Healy e Palepu (2001, p. 408) mencionam diversas "soluções" para mitigar os problemas de assimetria e conflito. Destaque-se a existência de um fluxo de informações entre tomadores e provedores de recursos como forma de "estreitar" a lacuna informacional (assimetria) entre essas partes e o papel dos intermediários informacionais (e.g., analistas de mercado, agências de classificação, mídia especializada, auditores independentes), que atuam no sentido de reduzir a assimetria informacional.

Como demonstrado na Figura 1, o fluxo de informações derivadas do processo contábil que discutiremos a seguir é originado nas entidades e tem como destino aqueles que detêm (ou estão avaliando a possibilidade de deter) interesses na entidade que reporta.

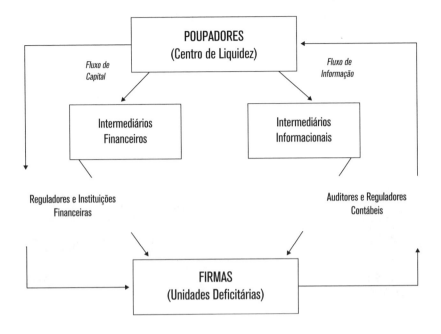

Figura 1 – Fluxos de capital e informação no mercado de capitais.

Fonte: Adaptado de Healy e Palepu (2001, p. 408) e Andrezo e Lima (2007, p. 6).

Portanto, na busca pela fluidez e eficiência da alocação dos recursos excedentes no mercado de capitais, esse fluxo de informações (que inclui os relatórios financeiro-contábeis) e a interposição de intermediários informacionais atuam no sentido de reduzir a assimetria informacional.

1.5 O processo contábil[1]

Uma vez compreendido o objeto e o objetivo da contabilidade, nosso foco está direcionado nesta seção para o que chamamos de **processo**

---

[1] O fenômeno denominado **processo contábil** compartilha fundamentalmente da visão estabelecida por Lopes e Martins (2014, p. 52), em que esse processo é visto como resultado da interação de diversas forças econômicas, sociais, institucionais e políticas; forças essas que determinam os contornos desse processo, à luz das influências exercidas pelos agentes interessados em sua evolução. O processo contábil, dentro da visão desses autores e que aqui utilizamos, é resultado do ambiente que o rodeia, o que distancia a contabilidade de uma ciência exata com valores precisos e verdades absolutas.

contábil. Dentro dessa visão processual, enxergaremos a contabilidade desde o seu nascedouro até o seu produto final, o que compreende quatro etapas fundamentais que estão expressas na Figura 2.

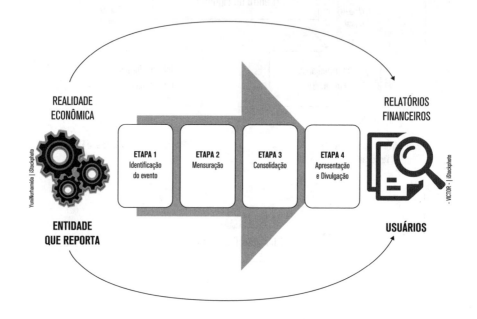

Figura 2 – Etapas fundamentais do processo contábil.

Fonte: Elaborada pelos autores.

Como já discutido, o processo contábil tem como objetivo reduzir assimetrias informacionais por meio da produção de informação útil acerca da entidade que reporta no tocante à sua realidade econômica (transações e eventos) para partes interessadas, que podem ser simplesmente denominadas, nesse instante, **usuários**, ou seja, aqueles que usam os relatórios financeiros, os "produtos" do processo contábil. Os clientes desses produtos são os usuários das informações contábeis e seu fornecedor, a entidade que reporta. A matéria-prima é a realidade econômica, enquanto o processo produtivo se faz por meio de ferramentas de captura (sistemas de processamento eletrônico, apontamentos, contratos), mensuração e comunicação e utilizando procedimentos metódicos que, com base na "receita industrial" dos princípios e normas contábeis geralmente aceitas (os GAAP), permitem a produção dos relatórios financeiros tal como se observa no mercado.

1.5.1 Identificação do evento econômico

Para compreender o fenômeno contábil, é fundamental que inicialmente caracterizemos o evento econômico "contabilizável", a matéria-prima bruta do processo contábil e a gênese da informação que a contabilidade tem como propósito transmitir.

Entende-se como evento econômico a transação ou circunstância que tem o poder de alterar o patrimônio líquido da entidade que reporta em três possíveis formas, a saber:

1) o evento econômico pode alterar a dimensão do patrimônio líquido;

2) o evento econômico pode alterar a natureza do patrimônio líquido; ou

3) o evento econômico pode alterar simultaneamente a dimensão e a natureza do patrimônio líquido.

Muitos exemplos poderiam ser dados aqui sobre eventos que alteram o tamanho do patrimônio líquido da entidade, sua natureza ou ambos. Tomemos o mais trivial dos eventos, o nascimento de uma sociedade na qual seus sócios constituem uma entidade empresarial aportando dinheiro e recebendo em troca quotas de participação no capital dessa entidade. O evento econômico de constituição e aporte de recursos à entidade fez com que surgisse um patrimônio onde não havia caixa aportado. Esses ativos fazem parte agora dos recursos disponíveis para que essa entidade desempenhe as suas funções operacionais. O processo contábil deverá, justamente, capturar esse evento dos dados que dele se depreendem para geração de informações úteis.

Se alguns dias após sua constituição a entidade utiliza parte do seu caixa para adquirir um terreno, seu patrimônio não teve alteração de tamanho. Mas certamente ocorreu uma alteração relevante na sua natureza. Agora, parte dos recursos que antes estavam líquidos e disponíveis foram alocados em outro recurso: um terreno. Mais uma vez, cabe ao processo contábil capturar esse evento que provocou uma mutação qualitativa na riqueza dos sócios dessa entidade e transformá-lo em informação útil aos usuários da contabilidade.

Ainda, se passados alguns meses esse terreno sofrer uma valorização no mercado, não seria estranho observar que os quotistas dessa sociedade estão sorridentes, pois se sentem mais ricos (o terreno que compraram por X agora vale X mais uma variação – assumamos inflação nula para simplificar o exemplo). Essa situação revela que mesmo sem uma transação mercantil típica (de compra e venda) pode haver um evento econômico,

Capítulo 1

uma circunstância econômica que provoca uma alteração na riqueza de uma entidade.

Outro exemplo bastante representativo da captura de um evento econômico é a situação em que uma entidade detém um recurso econômico com potencial de geração de benefícios de longo prazo: uma máquina. Ao utilizá-la na produção de bens destinados à venda, ocorre seu desgaste e, consequentemente, uma redução do seu potencial de serviço. No início de um dia de trabalho, a máquina continha um determinado potencial de serviço. Passado um dia de uso da máquina na produção, esse recurso já não é mais o mesmo. Seu potencial de serviço sofreu um decréscimo por consequência do seu uso. Cabe à contabilidade capturar essa variação no potencial de serviço desse recurso de longo prazo, o que chamamos no jargão contábil de **depreciação**.

Fica claro, portanto, que nessa etapa do processo contábil é necessário à entidade que reporta que posicione "sensores" capazes de identificar e capturar eventos econômicos, ou seja, transações, fatos ou circunstâncias que modificam quantitativa e/ou qualitativamente seu patrimônio.

Nesse particular, é importante notar que, para que possa identificar e capturar de maneira íntegra e fidedigna os eventos econômicos, o processo contábil, particularmente as pessoas que lhe dão consecução, precisam ter não somente conhecimento dos códigos e convenções contábeis que traduzirão dados da realidade econômica em informações contidas nos relatórios financeiros. É rigorosamente fundamental que se tenha conhecimento do *economics* subjacente aos eventos que o processo contábil pretende capturar; caso contrário, corre-se o risco de nem sequer capturar todos os eventos relevantes (não se identifica o que não se conhece), e, mesmo que se possa identificá-los, a compreensão inadequada de sua natureza trará distorções que limitarão, quando não anularão, a capacidade de que os relatórios financeiros representem fidedignamente os eventos que identificaram, mensuraram e apresentaram.

É nesse sentido que afirmamos que *accounting follows economics*, ou seja, a contabilidade segue os eventos econômicos que captura e mede como a matéria-prima essencial do seu processo.

1.5.2 Mensuração

A etapa do processo contábil que se segue à identificação do evento econômico é a atribuição de valor a esses eventos que alteram o patrimônio líquido da entidade que reporta por meio de um denominador comum que permita a agregação de múltiplos eventos e efeitos econômicos e a acumulação no tempo desses efeitos nos relatórios financeiros.

Nem sempre o denominador monetário foi a unidade de mensuração dos eventos econômicos no processo contábil. Sua utilização se consolidou à medida que as sociedades passaram a aceitar o papel-moeda (e a moeda escritural) como expressão fiduciária de valor. Essa forma de moeda, que hoje denominamos simplesmente **dinheiro**, é resultado da contínua busca das sociedades, no curso do desenvolvimento econômico, de um instrumento que pudesse satisfazer às funções típicas de uma moeda (LEWIS; MIZEN, 2000, p. 5), a saber:

a) de ser um instrumento de troca;
b) de ser um instrumento de denominação de valor dos bens e serviços de uma economia (*unit of account*); e
c) de ser um instrumento para a reserva de riqueza.

Nesse sentido, é possível afirmar que as moedas nacionais são as formas de moeda que possivelmente melhor preenchem esses requisitos e, consequentemente, são a unidade de mensuração geral e amplamente aceita no processo contábil.

Não obstante, o processo de mensuração requer outras decisões além da eleição da unidade de mensuração. Um evento econômico pode ser mensurado a partir de distintas perspectivas, o que se poderia denominar **bases de mensuração**.

Em termos gerais, o evento econômico geralmente é observado, ainda que inicialmente, pela perspectiva do impacto histórico no patrimônio líquido, ou seja, aquilo que pode ser mensurado como resultado de transações e decisões empresariais já ocorridas. É o que denominamos, no jargão contábil, **custo histórico como base de valor**.

Um bom exemplo do uso e perspectiva dessa base de mensuração pode ser extraído de empreendimentos como as grandes navegações dos séculos XV e XVI. Eram empreendimentos que requeriam vultosos recursos para sua execução. A jornada até o Oriente era motivada pela oportunidade de obter mercadorias que seriam vendidas no continente europeu por preços elevados. Não obstante as promissoras expectativas, a jornada implicava primeiro alocar riqueza em recursos que seriam necessários para ir até o Oriente, adquirir lá as mercadorias tão desejadas na Europa e regressar com essas mercadorias. Além, evidentemente, da embarcação, capaz de fazer várias viagens, era necessário contratar e pagar marinheiros para

Capítulo 1

empreender a viagem de ida e volta, adquirir suprimentos de toda espécie que eram necessários para tão longa jornada, entre tantos outros recursos adquiridos.

Ao regressar, as mercadorias trazidas do Oriente eram vendidas e, obviamente, valores eram recebidos como contraprestação da venda dessas mercadorias. Restava responder à pergunta crítica: valeu a pena? Retornamos do Oriente mais ricos do que saímos no início da viagem?

O custo histórico como base de valor permite responder a essa questão ao final da jornada. Basta ter o registro do que foi gasto com a aquisição dos recursos necessários (a mão de obra, os alimentos para a tribulação, demais mantimentos, as próprias mercadorias adquiridas para revenda etc.), ou seja, o custo histórico dos recursos alocados na empreitada, e confrontá-los com os recursos recebidos pela entrega dos produtos trazidos do Oriente. Se os recursos obtidos com a venda das mercadorias forem superiores ao que custou (no sentido de esforço, alocação de recursos) trazê-las até seu mercado consumidor, houve uma variação positiva da riqueza entre T_0 (o início do empreendimento) e T_1 (o término da jornada com a venda das mercadorias no seu destino final). Diversas mutações qualitativas do patrimônio ocorreram para que se pudesse, ao fim e ao cabo, produzir uma mutação quantitativa expressa pela diferença entre os custos incorridos e os recursos obtidos pela venda das mercadorias. Se os recursos obtidos ao final da jornada superassem os recursos aplicados no seu início, o empreendimento seria superavitário. E se esse superávit fosse suficientemente grande de sorte a compensar os riscos corridos nessa jornada, poder-se-ia afirmar sem demasiada hesitação que se tratou de um empreendimento de sucesso. O custo histórico ofereceria, portanto, uma base razoável para aferir o sucesso (ou a falta deste) de um investimento.

Não obstante, também há algum tempo, já se observaram algumas limitações relevantes do custo histórico como base de valor, particularmente na presença do que a economia monetária denomina **inflação**. A alteração no nível geral de preços faz com que uma determinada quantidade de moeda, ainda que nominalmente constante, tenha um poder aquisitivo menor. Fica evidente nesse contexto que, apesar da propriedade aritmética que nos permite somar diferentes quantias de uma determinada moeda, a apuração do sucesso (ou a falta deste) de uma empreitada capitalista embasada exclusivamente em custos históricos nominais poderia trazer a ilusão do lucro (i.e., o aumento nominal de riqueza), quando eventualmente não houve um aumento real no poder de compra. Não bastava simplesmente deduzir dos valores obtidos com as vendas os custos históricos despendidos, pois a obtenção de saldo positivo dessa dedução não garante que o agente econômico está melhor, economicamente falando, após a venda dos produtos do que estava antes de iniciar o ciclo. A contabilidade, enquanto área do conhecimento de natureza fundamentalmente utilitária, teria que buscar soluções para permitir a mensuração da variação patrimonial entre dois pontos no tempo em termos reais, o que foi possível por meio de mecanismos de ajustamentos contábeis que permitissem a elaboração de demonstrações financeiras em poder aquisitivo constante. A literatura da contabilidade em condições de inflação nos remete à Alemanha dos anos 1920 (TINOCO, 1992, p. 3) e à obra de Sweeney (1935), um dos autores pioneiros na busca de respostas para os problemas de mensuração contábil na presença de inflação. Mas não se pode deixar de mencionar o desenvolvimento que as questões de avaliação contábil na presença de inflação tiveram no Brasil, a partir dos trabalhos desenvolvidos pelo Departamento de Contabilidade e Atuária da Faculdade de Economia, Administração, Contabilidade e Atuária (FEA) da Universidade de São Paulo (USP), particularmente a tese de doutoramento do Prof. Sergio de Iudícibus (*Contribuição à teoria dos ajustamentos contábeis*), defendida em 1966, e a tese de livre-docência do Prof. Eliseu Martins (*Aspectos do lucro e da alavancagem financeira no Brasil*), defendida em 1979.

A crítica à mensuração de elementos contábeis com base no custo histórico não parou por aí. O custo histórico, mesmo que corrigido das distorções causadas pela inflação, tem capacidade informativa limitada quando se trata de medir o valor das coisas. O desenvolvimento e expansão dos mercados de capitais, particularmente o mercado acionário, trouxe consigo a necessidade de busca contínua pela informação útil que permita melhor estimar o valor das empresas. Particularmente nas últimas décadas do século XX, consolidou-se a ideia de que os relatórios contábeis deveriam auxiliar a prever os fluxos de caixa futuros de uma entidade, o que naturalmente fez mais evidentes as limitações do custo histórico para refletir o futuro. Como já diz seu nome, é histórico e se baseia no que já ocorreu, no que é fato consumado e sobre o qual pouco se pode fazer a respeito (i.e., *sunk cost*). Ainda que o montante investido (custo) seja uma primeira representação do que potencialmente promete em termos de valor esse investimento no futuro, essa representação é limitada. Afinal, é no futuro que está o valor, a *raison d'être* do empreendimento capitalista.

A resposta a essa limitação veio da visão conjunta entre diversas áreas do conhecimento, particularmente finanças, economia e contabilidade, daquilo que alguns denominariam ***mark-to-market accounting***, por meio

Capítulo 1

do qual se consolida a ideia de que diversos elementos da contabilidade terão maior poder de informação se mensurados ao seu valor de mercado.

Passou-se a observar, particularmente a partir da preponderância dos modelos contábeis emanados pelo FASB e IASB, a expansão da utilização do *valor justo*[2] (*fair value accounting*) como base de mensuração para diversas transações e elementos contábeis.

1.5.3 Consolidação

Denomina-se aqui **consolidação**[3] a etapa do processo contábil em que as transações e eventos, já capturados e mensurados, são organizados de tal sorte que possam, na etapa seguinte, ser apresentados e divulgados. Consolidar significa literalmente tornar mais sólido, estável, fortalecer. É o começo da transformação dos dados em informação.

A etapa de consolidação compreende substancialmente a classificação dos eventos e transações e seu registro cumulativo e sistemático, o que permite sua agregação para a apresentação em modelos contábeis de uso geral, as demonstrações financeiras.

A classificação de transações e eventos requer evidentemente a aplicação racional de critérios de classificação por semelhança, tendo em vista um ou mais modelos de informação que se adote pela entidade que reporta. Em outras palavras, de posse de um "dicionário" que nos ofereça a definição dos elementos que queremos "enxergar" nas demonstrações financeiras, passamos a "etiquetar" (i.e., classificar) os elementos semelhantes e agregá--los em categorias e subcategorias.

Se tomarmos como exemplo uma entidade manufatureira de capital aberto situada no Brasil após 2010, o modelo para a preparação de relatórios financeiros de uso geral é o modelo das Normas Internacionais de Relatório Financeiro (*International Financial Reporting Standards* – IFRS). Esse modelo requer, entre outros, que sejam classificados como estoques

---

2 A definição de valor justo adotada pelas Normas Internacionais de Relatório Financeiro (IFRS) diz que valor justo é o preço que seria recebido pela venda de um ativo ou que seria pago pela transferência de um passivo em uma transação ordenada entre participantes do mercado na data de mensuração.

3 Na prática contábil, denomina-se geralmente **consolidação** o processo de combinação e eliminações na acumulação contábil de entidade controladora com entidades controladas com o propósito de produzir demonstrações financeiras de um grupo econômico. Aqui se utiliza o termo consolidação de maneira mais ampla, incluindo todos os processos de classificação, acumulação e aglutinação de saldos e transações nos registros contábeis, independentemente de se tratar de entidade isolada ou de grupo econômico.

14

todos os recursos (ativos) que são mantidos para a venda no curso normal dos negócios, bem como os recursos que estão em processo de produção para sua venda e mesmo os materiais e suprimentos que serão consumidos na produção futura de produtos para a venda.

Nesse exemplo, se adotássemos o "dicionário" das IFRS, teríamos a definição do que é estoque (categoria ampla), bem como a determinação de tipos dentro dessa categoria (as subcategorias de produto acabado, produto em processo, materiais etc.). Portanto, todos os recursos que atendam à definição de estoque conforme as IFRS recebem a etiqueta da categoria geral de "Estoques". Essa classificação deve também identificar subcategorias dentro do conceito geral, de sorte que na próxima etapa (de apresentação e divulgação) seja possível tanto informar acerca dos estoques em seu nível mais agregado (total geral dos estoques) quanto, se aplicável, prover informação mais granular (composição dos estoques subdivididos em Produto Acabado, Produto em Processo e Matérias-primas, por exemplo).

XBRL: uma revolução tecnológica no processo contábil de classificação

A velocidade e integração dos mercados no movimento que é correntemente intitulado de globalização é crescente e fortemente baseada em tecnologias de informação que a viabilizam e ao mesmo tempo impulsionam. O papel da informação para a tomada de decisão cresce ainda mais em relevância, como resultado da difusão facilitada e acelerada das informações por meio de tecnologias cada vez mais acessíveis. Como descrito por Alves (2005, p. 1), "a digitalização da informação aliada à utilização da Internet como meio de sua difusão está transformando nossa sociedade em todos os níveis". O processo evolutivo de difusão de informações por meio de plataformas digitais e conectadas pela internet tem início com o advento do electronic mail *(e-mail) ou simplesmente correio eletrônico, que permitiu a comunicação praticamente em tempo real entre detentores de endereços eletrônicos, passando pela difusão de informações financeiras no formato* Portable Document Format *(PDF), que operam como "cópias" da informação divulgada em papel, até a divulgação visualizável pelo* browser *de Internet em formato Hypertext Markup Language (HTML). Não obstante, tanto o formato PDF quanto o HTML caracterizam-se pela rigidez de formato e dificuldade no manuseio (inflexibilidade) das informações financeiras (Alves, 2005, p. 9), ou ainda, como mencionam Cohen, Schiavina e Servais (2005, p. 369), esses formatos são "opacos" aos olhos dos aplicativos de negócios. Nesse contexto, o XBRL apresenta-se como uma linguagem que oferece os atributos de flexibilidade, interatividade e comparabilidade desejáveis pelos usuários das informações financeiras.*

*O início da história do XBRL nos remete ao advento das linguagens de marcação (*markup languages*), que, conforme explicitado por Riccio, Silva e Sakata (2005, p. 56),*

Capítulo 1

> *tiveram sua origem em 1960, quando a IBM observou a falta de integração de informação entre distintos sistemas. O conceito desenvolvido a partir dessa observação foi o de metalinguagem, artifício pelo qual as informações são descritas de forma padronizada, por meio de "etiquetas" a elas associadas que, por sua vez, mediante um dicionário, possam ser convertidas para outras linguagens. Em outras palavras, as informações são construídas dentro de uma linguagem contendo, contudo, referências metalinguísticas que permitem sua "tradução" para outros "idiomas". O XBRL é uma linguagem para a comunicação eletrônica de informações financeiras e de negócios, cuja ideia fundamental é simples: as informações financeiras recebem "etiquetas" (tags) específicas que são legíveis por computadores.*
>
> *Portanto, a linguagem XBRL permite por meio das "etiquetas" a classificação de transações e eventos econômicos, de acordo com uma taxonomia previamente determinada, que passam a ser legíveis por qualquer aplicativo computacional que tenha a capacidade de interpretar essa linguagem.*
>
> *Ainda que possa parecer à primeira vista um recurso que fundamentalmente melhora a eficiência no manuseio de dados e informações contábeis, a ideia de que os usuários das demonstrações contábeis possam acessar, em forma eletrônica, as transações e eventos de uma entidade, classificadas de acordo com alguma taxonomia geralmente aceita, abre potencialmente uma nova trajetória de desenvolvimento da contabilidade cujos rumos ainda são difíceis de prever. Ainda que atualmente o uso do XBRL seja fundamentalmente sobre dados "etiquetados" de demonstrações financeiras já elaboradas dentro de um determinado conjunto de normas (o GAAP), não parece descabido imaginar, com o avanço da capacidade de processamento computacional e da rede mundial de computadores (internet), que passemos a ter acesso progressivo a bancos de dados mais amplos de transações e eventos econômicos das entidades que reportam. Ainda que qualquer "etiquetamento" dependa fundamentalmente da existência de um dicionário prévio com definições aceitas (a taxonomia), a classificação cada vez mais granular de transações e eventos e sua disponibilização aos usuários facilita, potencialmente, que o usuário desenvolva e "customize" relatórios financeiros conforme suas necessidades, modelos e crenças. O papel do normatizador contábil pode se modificar no sentido de reduzir a prescrição específica de tratamentos contábeis e incrementar sua atuação no sentido de construir conceitos e definições (i.e., taxonomias) que sejam úteis para que cada usuário construa a demonstração financeira que desejar. Nesse "admirável mundo novo" que talvez se desenvolva, o processo contábil talvez se encerre na etapa da consolidação, na qual dados são classificados e disponibilizados para* download *pelos usuários, que passariam a desenvolver eles mesmos a apresentação e divulgação que melhor lhes convier.*

Uma vez classificados os eventos que já haviam sido capturados e mensurados, seu registro cumulativo, metódico e sistemático é o que permite a elaboração periódica de relatórios financeiros.

Nesse particular, vale menção específica ao método das partidas dobradas, que é a base do sistema contábil há vários séculos. Por meio desse método é que se pode pensar no desenvolvimento de demonstrações financeiras de fluxos (e para períodos), para além das demonstrações de posições patrimoniais (em datas específicas), como os levantamentos periódicos de bens, direitos e obrigações (inventários). O método das partidas dobradas possibilitou que a contabilidade oferecesse aos seus usuários não somente a "foto" (o inventário, a posição patrimonial em uma data específica), mas também o "filme" (o desempenho resultante de fluxos entre datas específicas, o período).

Vale a pena aqui refletir mais um instante sobre o método consagrado para o registro e consolidação contábil. Iudícibus, Martins e Carvalho (2005, p. 17) comentam que as partidas dobradas, pela tempestividade e eficiência com que permitem o registro (e a acumulação) das transações e eventos, terminam por privilegiar o valor da transação (custo histórico). Sem prejuízo da engenhosidade do método, talvez seja ele simultaneamente o "mocinho" e o "vilão" do desenvolvimento moderno e contemporâneo da contabilidade na difícil travessia que esta vem empreendendo ao longo dos últimos séculos entre o custo histórico e o valor econômico. A memorização do caixa despendido (recebido) ou a despender (a receber) por meio do registro sistemático em partidas dobradas talvez seja uma explicação para a manutenção por séculos do custo como base de mensuração.

A etapa que aqui denominamos consolidação, na qual se produzem a classificação, o registro, a acumulação e a aglutinação por semelhança das transações e eventos capturados e mensurados em etapas anteriores do processo contábil, opera na verdade como uma etapa preparatória para o *grand finale* do processo contábil: a apresentação e divulgação, sobre a qual discorreremos a seguir.

1.5.4 Apresentação e divulgação

A etapa final do processo contábil não poderia ser outra: apresentar e divulgar. A utilidade da informação só existe a partir do momento em que é apresentada e divulgada ao seu usuário. Em termos do esquema clássico de comunicação, o processo de comunicar só se consuma quando a mensagem originada no seu emissor atinge o seu receptor. A contabilidade é, nesse contexto, uma linguagem (de negócios) pela qual as entidades buscam transmitir uma mensagem aos usuários dos relatórios financeiros. A visão de semiótica contábil, em que a contabilidade seria uma linguagem e seu conteúdo uma mensagem, nos parece plenamente compatível com a visão

Capítulo 1

contratual da firma em contexto de assimetria informacional anteriormente discutida.

Na etapa anterior do processo contábil, as transações e eventos foram consolidados, ou seja, classificados, registrados, acumulados e aglutinados por semelhança. Cabe agora nessa etapa final do processo apresentar os dados consolidados anteriormente e transformá-los em informação por meio da sua apresentação e divulgação de acordo com modelos preestabelecidos e geralmente aceitos.

Tomemos como exemplo o balanço patrimonial, demonstração financeira já reconhecida há séculos, que tem como objetivo expressar a posição patrimonial da entidade que reporta em determinada data.

No balanço, são apresentados os recursos com potencial de geração de benefício econômico futuro (os ativos), as obrigações assumidas e que a entidade não terá como evitar uma saída de recursos (os passivos) e as reivindicações dos detentores de direitos residuais (o patrimônio líquido).

Nessa etapa do processo, já tendo sido concluído o processo de consolidação dos elementos contábeis, caberá apresentar no balanço todos os elementos que estejam de acordo com os requerimentos para ter (e apresentar) ativos, passivos e patrimônio líquido.

Valendo-nos do exemplo já utilizado da empresa manufatureira, seus estoques totais, existentes à data do encerramento contábil, serão apresentados no balaço patrimonial. Sem prejuízo da apresentação mais agregada na demonstração financeira principal (o balanço, nesse caso), a entidade que reporta frequentemente se vê na necessidade de fornecer informações adicionais, mais detalhadas. Essas informações complementares são geralmente denominadas **divulgações** (do inglês, *disclosures*). Nesse cenário, é possível que a entidade que agregou e apresentou a totalidade dos seus estoques no seu balanço patrimonial venha a divulgar, numa nota explicativa, a composição desses estoques em suas diferentes subcategorias.

Nessa etapa, fica totalmente evidente o caráter de comunicação subjacente ao processo contábil. Por meio do que chamamos de demonstrações financeiras e suas notas explicativas, a entidade oferece um vasto conjunto de informações aos seus "leitores" acerca das transações e eventos econômicos ocorridos e seus impactos sobre sua posição financeira, seus fluxos econômicos e seus fluxos de caixa. O conjunto completo de informações, para ser útil, tem que ajudar seus usuários a tomar decisões mais eficazes e eficientes.

Dessa etapa, diversas reflexões teóricas podem ser deduzidas, particularmente se entendemos que a contabilidade é linguagem e que, portanto, busca comunicar uma mensagem a um receptor, o usuário.

Ao fim e ao cabo, o que se pretende é apresentar e divulgar informação útil aos usuários das demonstrações contábeis. Utilidade depende de quem usa. Quando nos indagamos quem seriam os usuários das demonstrações financeiras, frequentemente encontraremos uma vasta gama de possíveis interessados em informações sobre a entidade que reporta, o que é inerentemente um desafio tremendo para a contabilidade. Mesmo que escolhêssemos dentre os potenciais usuários apenas um, digamos os investidores, ainda assim não encontraríamos necessariamente consenso de quais informações esses usuários esperam e consideram úteis. Um investidor institucional, altamente especializado no mercado financeiro e sofisticado nas suas ferramentas de análise para decisão, demandará provavelmente informações distintas de um pequeno investidor que decidiu alocar parte de sua poupança em ações adquiridas por meio de sua plataforma de *home broker* oferecida por seu banco.

Nesse cenário, o objetivo da contabilidade não é trivial. Os usuários não são homogêneos, nem mesmo tomando o foco já reduzido que, por exemplo, o IASB adotou, ao determinar em sua Estrutura Conceitual que os usuários das demonstrações financeiras elaboradas em consonância com as IFRS que desenvolve são os provedores de fundos às entidades (investidores e credores). Portanto, não haverá como satisfazer plenamente as necessidades dos usuários, e resta, portanto, a meta de oferecer um conjunto básico de informações de uso geral que permitam, inclusive, que os usuários ajustem os relatórios financeiros à sua conveniência.

Um bom exemplo de apresentação e divulgação no contexto e limitações acima descritos é o caso de riscos de perdas com litígios. A norma contábil internacional determina que serão obrigações presentes (e, portanto, passivos) as perdas estimadas que tiverem probabilidade de perda maior que a probabilidade de sucesso (*more likely than not*). Não obstante, trata-se de um julgamento à luz das informações disponíveis quando da preparação das demonstrações financeiras que enseja, naturalmente, incerteza considerável. Nesse contexto, a norma também exige que se divulgue em nota explicativa (mas não se contabilize como passivo) o montante de perdas possíveis, ou seja, perdas cuja probabilidade de ocorrência é menor que a probabilidade de não ocorrência, mas não são remotas as chances de perda. Apesar de não registradas no passivo, as perdas possíveis são conhecidas e o usuário que entender que essas perdas devem ser consideradas como passivos e como

Capítulo 1

despesas terá condições de ajustar as demonstrações "básicas" recebidas conforme sua necessidade e entendimento dos riscos subjacentes aos litígios.

As divulgações são, portanto, um meio de comunicação complementar às demonstrações financeiras que contemplam não somente explicações ampliadas daquilo que está registrado nas demonstrações financeiras, mas também considerações sobre riscos, incertezas, compromissos, oportunidades etc. que podem não estar refletidas na face das demonstrações financeiras ditas "básicas".

Um leitor apressado poderia então deduzir que no subcampo de conhecimento contábil que se concentra à divulgação vale a máxima "quanto mais, melhor". Durante décadas de desenvolvimento de normas contábeis, de fato vimos o crescimento volumétrico das divulgações complementares às demonstrações financeiras básicas. Entretanto, mesmo que assumíssemos que o custo marginal de divulgações adicionais é zero, não se pode negligenciar que do lado do usuário existem recursos limitados para devotar à análise dos relatórios financeiros. É crescente a percepção dos mercados de que o excesso de informações de utilidade questionável ou inexistente pode obscurecer a informação de utilidade indubitável. Portanto, pecar pelo excesso pode ser tão nocivo quanto a omissão. O nível de divulgação "de equilíbrio" ainda precisa ser mais bem explorado.

Breves conclusões

O propósito deste capítulo centrou-se no estabelecimento de questões fundamentais para a compreensão da relevância da contabilidade como lide do conhecimento humano. Embora o presente introito tenha se esquivado da busca por respostas definitivas e terminais quanto às discussões aqui estabelecidas, sua estruturação é vital para a compreensão de ao menos dois aspectos, sendo:

1. a contabilidade observada única e exclusivamente por seu viés utilitarista faz com que o estudo de suas consequências sobre os diferentes subsistemas com que interage, por exemplo, econômico, legal, social, dentre outros, fique esvaziado de sentido. É necessário entender a esse respeito que todo desenvolvimento de conhecimento se estabelece por meio de uma via de mão dupla. Isto é, à medida que a contabilidade afeta diferentes áreas do conhecimento por meio de sua atividade-fim, ela também é afetada, de tal sorte que esse processo de interação contínua faz com que os reportes contábeis sejam uma intermitência de múltiplas técnicas, faces e ensejos voltados às necessidades informacionais da

contemporaneidade. Portanto, é importante que o estudo da contabilidade supere sua limítrofe interpretação tecnicista;

2. a busca por uma teoria contábil remonta, de certa forma, a tentativa de legitimação dessa área do conhecimento como ciência. Em síntese, conforme exposto no decorrer deste capítulo, é possível verificar que a pretensão de uma teoria reside na explicação e predição de fenômenos. Pois bem, no caso das ciências naturais, tais como a física, química e a biologia, é possível verificar a existência de teorias ou taxonomias com maior capacidade preditiva de eventos,[4] sobretudo porque o escopo de investigação científica dessas áreas, em certas situações, possui menos inter-relações variáveis, ou permitindo que tais fatores sejam isolados à conveniência do pesquisador, favorecendo assim a concepção de corpos teóricos com maior capacidade preditiva de fenômenos. Todavia, no tocante ao escopo contábil de investigação acadêmica, surgem os mesmos problemas de outras ciências sociais, isto é, não é possível isolar os efeitos das múltiplas interações. Logo, a busca por teorias que sejam capazes de explicar comportamentos futuros se torna mais complexa e, por vezes, improfícua. Contudo, é fundamental salientar que esse é o desafio dos pesquisadores desse campo do conhecimento, a existência de barreiras à formulação de novas abordagens metodológicas no campo da pesquisa contábil deve ser vista como uma oportunidade para pesquisadores e estudiosos, mais apropriadamente, porque essa é deveras uma área do conhecimento recente.

Outrossim, é impreterível destacar, sem a pretensão de uma leitura terminal, que a maior idiossincrasia do fenômeno contábil está na sua busca pela representação dos eventos econômicos. Ou seja, a contabilidade deve ser compreendida como um mapa, cujo território decorre das atividades econômicas às quais as entidades se encontram expostas. Para tanto, faz-se uso do processo contábil discorrido durante este capítulo, o qual funciona à espécie de um sistema de cartografia de eventos econômico-financeiros, os quais, triados, selecionados, agrupados e mensurados, culminam em uma etapa final de divulgação e evidenciação, a fim de que sejam utilizados pelos intervenientes organizacionais em suas mais diversas atividades.

---

4 Vejamos, por exemplo, as três leis da física formuladas por Sir. Isaac Newton em seu *Philosophiae naturalis principia mathematica*, publicado originalmente em 1687. Outro válido exemplo a esse respeito se encontra na formulação da tabela periódica, obra fundamental da ciência das substâncias, em 1869, por Dmitri Mendeleiev. Um último exemplo pode ser encontrado na obra de Charles Darwin, *On the origin of species by means of natural selection, or the preservation of favoured races in the struggle for life*, de 1859.

Capítulo 1

Referências

AKERLOF, George A. The market for "lemons": quality uncertainty and the market mechanism. *The Quarterly Journal of Economics*, v. 84, n. 3, p. 488-500, ago. 1970.

ALVES, Sandra Raquel Pinto. A evolução na divulgação de relatórios financeiros. In: RICCIO, Edson Luiz; SILVA, Paulo Caetano; SAKATA, Marici Gramacho. *XBRL – a divulgação de informações empresariais*. Rio de Janeiro: Ciência Moderna, 2005.

ANDREZO, Andrea F.; LIMA, Iran Siqueira. *Mercado financeiro*: aspectos conceituais e históricos. São Paulo: Atlas, 2007.

ASSAF NETO, Alexandre. *Finanças corporativas e valor*. São Paulo: Atlas, 2009.

COHEN, Eric E.; SCHIAVINA, Teresa; SERVAIS, Olivier. XBRL – the standardized business language for 21st century reporting and governance. *International Journal of Disclosures and Governance*, Dec. 2005.

HEALY, Paul M.; PALEPU, Krishna G. Information asymmetry, corporate disclosure, and the capital markets: a review of the empirical disclosure literature. *Journal of Accounting and Economics*, v. 31, p. 405-440, 2001.

IUDÍCIBUS, Sérgio de. *Contribuição à teoria dos ajustamentos contábeis*. Tese (Doutoramento), Faculdade de Economia, Administração e Contabilidade da Universidade de São Paulo, São Paulo, 1966.

_____. *Teoria da contabilidade*. São Paulo: Atlas, 2004.

_____; MARTINS, Eliseu; CARVALHO, L. Nelson. Contabilidade: aspectos relevantes da epopeia de sua evolução. *Revista de Contabilidade e Finanças – USP*, São Paulo, n. 38, p. 7-19, maio-ago. 2005.

JENSEN, Michael; MECKLING, William. Theory of the firm: managerial behavior, agency costs and ownership structure. *Journal of Financial Economics*, v. 3, p. 305-360, October 1976.

LEWIS, Mervyn K.; MIZEN, Paul D. *Monetary economics*. Oxford: Oxford University Press, 2000.

LOPES, Alexsandro Broedel; MARTINS, Eliseu. *Teoria da contabilidade*: uma nova abordagem. São Paulo: Atlas, 2014.

MARTINS, Eliseu. *Aspectos do lucro e da alavancagem financeira no Brasil*. Tese (Livre-docência). Departamento de Contabilidade da Faculdade de Economia, Administração e Contabilidade da Universidade de São Paulo, São Paulo, 1979.

_____. *Uma geral na contabilidade*. Seleções ATC, COAD, 1988 e 2ª Convenção de Contabilidade do Rio Grande do Sul, Canela, ago. 1988.

MARTINS, Gilberto de Andrade; THEÓPHILO, Carlos Renato. *Metodologia da investigação científica para ciências sociais aplicadas*. São Paulo: Atlas, 2007.

PESSOA, F. Comércio e contabilidade. *Revista de Comércio e Contabilidade*, Lisboa, 1926.

RICCIO, Edson Luiz. O XBRL – conceituação e aplicação. In: RICCIO, Edson Luiz; SILVA, Paulo Caetano; SAKATA, Marici Gramacho. *XBRL – a divulgação de informações empresariais*. Rio de Janeiro: Ciência Moderna, 2005.

STIGLITZ, Joseph E.; WALSH, Carl E. *Introdução à microeconomia*. Rio de Janeiro: Campus, 2003.

SUNDER, Shyam. *Theory of accounting and control*. Cincinnati: Southwest College, 1997.

SWEENEY, Henry W. The technique of stabilized accounting. *The Accounting Review*, v. 10, n. 2, p. 185-205, jun. 1935.

TINOCO, João Eduardo Prudêncio. Avaliação patrimonial em contabilidade a valores de entrada e saída. *Cadernos de Estudos Fipecafi*, São Paulo, n. 6, out. 1992.

VARIAN, Hal R. *Microeconomia*: princípios básicos. Rio de Janeiro: Elsevier, 2006.

2

Características, utilidade e objetivo da contabilidade

ARTHUR JOSÉ CUNHA BANDEIRA DE MELLO JOIA
EDUARDO FLORES
LUCIANO NURNBERG PERES
LUDMILA DE MELO SOUZA
MARTHA REGINA MEIRA BIANCHI

Capítulo 2

2.1 Introdução

O estudo da contabilidade em sua forma mais complexa e abrangente remete a importantes fatores, características e motivações desse importante campo de pesquisa. A discussão acerca da sua conceituação como ciência ou técnica, sua evolução ao longo dos séculos e o seu papel na sociedade são assuntos abordados neste capítulo.

Independentemente da discussão conceitual acerca do seu *status* como ciência, a contabilidade acima de tudo advém das atividades sociais. Sua utilidade não é estática, sujeitando-se às necessidades da sociedade ou organizações em que está inserida. Os fenômenos econômicos capturados pela contabilidade podem e são traduzidos de diversas formas; relatórios e informações contábeis são resultado de processos ideológicos, políticos e em certo grau matemáticos. O objetivo nasce da necessidade dos diversos usuários envolvidos nesse processo.

Fatores como arcabouço legal, estrutura de propriedade das organizações, principais fontes de recursos financeiros se inter-relacionam com a contabilidade, fatores esses que influenciam significativamente o processo contábil.

2.2 Evolução e função da contabilidade

A contabilidade evoluiu com as diferentes necessidades da sociedade ao longo dos séculos. Os primeiros registros humanos indicam, por exemplo, a utilidade da contabilidade para suporte à memória humana. As partidas dobradas, geralmente indicadas como origem da contabilidade, foram resultado da constante evolução dos registros realizados desde os primórdios da humanidade. Alguns autores indicam, tal como Carvalho, Iudícibus e Martins (2005), que a inexistência de números negativos naquela época foi consideravelmente suprida pelas partidas dobradas, pois demonstrava saldos de natureza oposta (credores *versus* devedores) ordenadamente e sem inversão de sinal.

Kam (1990) indica que a força primária para o desenvolvimento da contabilidade seria a formação e o crescimento das entidades empresariais em um ambiente mercadológico sofisticado:

- motivação inicial de gerar lucros (espírito capitalista);
- eventos econômicos e políticos criam as condições às quais as entidades respondem;

Características, utilidade e objetivo da contabilidade

- inovações tecnológicas estimulam a formação e o crescimento das entidades.

Nesse sentido, outro ponto fundamental refere-se ao controle da propriedade privada, ou seja, com o acúmulo de patrimônio, os proprietários delegavam a outros agentes (_steward_) a responsabilidade de gerir parte dos bens. Portanto, o papel do _steward_ sempre esteve ligado à prestação de contas da gestão da propriedade privada ao proprietário (principal).

No entanto, a tarefa de informar depende de inúmeros fatores em mercados cada vez mais sofisticados. Os incentivos que permeiam agentes, principais e agentes intermediadores são exemplos de que essa prestação de contas não é algo exato, mas uma importante ferramenta de diminuição de assimetria informacional entre esses agentes. Os contratos firmados entre esses agentes, muitos com dados e restrições contábeis, conferem outro exemplo da utilidade da informação contábil para reduzir esse desnível informacional das ações e resultados efetivos do agente para os públicos externos à organização. Atualmente, essa assimetria se dá em diferentes níveis de relacionamento entre indivíduos no mercado: administrador _versus_ acionista; acionista controlador _versus_ acionista minoritário; executivos da alta administração _versus_ diretoria etc.

2.3 Principais fatores que influenciam a contabilidade

Como resultado do meio em que a contabilidade se insere, alguns fatores são relevantes para o entendimento de algumas características seja da prática e/ou da pesquisa contábil:

- **Arcabouço legal:** leis e regras de uma determinada jurisdição influenciam substancialmente o processo contábil, resultando em diferentes interpretações pela contabilidade de um mesmo fenômeno econômico dependendo dos arcabouços legais dessas jurisdições. A simples divisão entre países com direito romano e consuetudinário indica que os primeiros apresentam enorme influência nas regras e práticas contábeis decorrente da excessiva normatização e relativa rigidez das suas leis e códigos; opostamente ao que ocorre em países com direito consuetudinário, onde se verifica maior flexibilidade e desenvolvimento das práticas contábeis.

- **Regulamentação:** embora esteja muito ligada ao item anterior, a regulamentação contábil também é resultante do nível de intervenção governamental na economia de um país. Alguns autores exploram até que nível as imperfeições no mercado podem ser atenuadas com a inserção

Capítulo 2

de regulamentação. Desse modo, a regulamentação contábil é resultante desse mesmo racional econômico, por exemplo, a Lei das S.A. (Lei nº 6.404/1976) elucida a maneira pela qual a prática contábil no país foi ditada durante várias décadas por uma legislação.

- **Fonte de recursos:** o modo pelo qual as organizações são financiadas consiste em outro fator importante para entender a contabilidade. Por exemplo, em países com forte presença do mercado de capitais como canal de financiamento das companhias, nota-se um papel relevante de prestação de contas efetiva pela contabilidade. No entanto, países em que a canalização desses recursos se dá por meio de bancos e/ou grandes conglomerados familiares tendem a apresentar menor nível de desenvolvimento dos padrões e princípios contábeis; a informação resultante do processo contábil desses ambientes normalmente é menos efetiva em termos de prestação de contas, sendo um dos motivos pelos quais os principais agentes financiadores têm acesso a informações internamente à empresa e não apenas por meio dos relatórios contábeis divulgados ao mercado.

Desse modo, nota-se que tais fatores têm o potencial alavancador da utilidade da informação contábil por meio da sua interferência na prática e desenvolvimento da contabilidade.

2.4 Contabilidade e economia

Nessa seção, serão exploradas as inter-relações entre contabilidade e economia, visando estabelecer o racional de que os fenômenos contábeis, isto é, alterações patrimoniais passíveis de registro junto às demonstrações contábeis, são precedidos de acontecimentos de natureza econômica. Dessa forma, legitima-se a máxima *Accounts Follows Economics*.

2.4.1 O problema da informação

Segundo Lopes e Martins (2005), a utilidade da contabilidade nasce do problema informacional existente nos mercados corporativos. Sob o prisma da teoria econômica neoclássica, assume-se que os mercados são perfeitamente competitivos, a informação é perfeita, os agentes são racionais e todas as decisões são tomadas com base na maximização da utilidade individual. Segundo essas premissas, a contabilidade já não teria utilidade, uma vez que todos os agentes estão informados e com base na informação disponível, é possível realizar suas escolhas ótimas.

Contudo, o mundo real não funciona de maneira tão simplista: a informação não está disponível de forma igualitária para todos os agentes, o acesso à informação e a própria informação têm custos e essa assimetria afeta o comportamento dos indivíduos.

A assimetria informacional fora tratada por George Akerlof (1970), e, utilizando o exemplo dos carros usados nos EUA,[1] o autor mostra como a assimetria informacional pode alterar o comportamento dos indivíduos e até mesmo a função da oferta e demanda se comparado ao modelo neoclássico perfeitamente competitivo. No caso do mercado de carros usados americanos, têm-se dois tipos de vendedores: o primeiro tipo abrange aqueles que apenas querem trocar o modelo do carro para um mais atual, com o carro usado em perfeitas condições; o segundo tipo de vendedor é o proprietário de um carro usado ruim, cheio de problemas, que quer apenas se desfazer do prejuízo. Como o comprador de carros usados não tem a informação sobre a real condição dos carros, ele não consegue diferenciar os "bons" dos *lemons*. Essa assimetria cria ainda um comportamento curioso na oferta e demanda: quanto mais carros ruins são ofertados, os preços pedidos provavelmente serão menores, fazendo com que o vendedor de carros usados bons opte por não vender mais a um preço abaixo do esperado. Se o preço dos carros usados está muito abaixo, cria-se uma expectativa ao comprador de que nesse mercado só existam *lemons*, fazendo com que se retraia a demanda pelos carros.

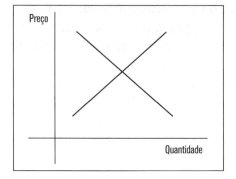 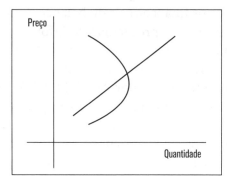

Figura 1 – Comparação entre comportamento da oferta de demanda em mercados perfeitamente competitivos e mercado com informação assimétrica.
Fonte: Adaptado de Stiglitz e Walsh (2003).

---

[1] O artigo em questão traz referência aos *lemons*, adjetivo utilizado pelos americanos para caracterizar um carro ruim.

Capítulo 2

As curvas de demanda demonstradas nas ilustrações retratam esse comportamento "anormal" na demanda: enquanto no mercado competitivo a queda de preços impacta em uma maior demanda pelo produto, na presença de informação assimétrica isso pode não ser verdade: na queda do preço, menos consumidores estariam dispostos a comprá-lo (por temer que todos os carros à venda sejam *lemons*), criando essa deformidade na curva de demanda (STIGLITZ; WALSH, 2003).

A assimetria informacional existente nos mercados corporativos também pode gerar um problema de incentivo. Arrow (1963) apresentou esse tema utilizando os problemas que surgem no mercado de seguros e de assistência médica. Pode-se verificar esse problema de incentivo com o exemplo de seguros contra incêndio: a partir do momento em que o consumidor possui um seguro, ele pode se tornar menos vigilante e zeloso com relação às possíveis ocorrências de um sinistro, o que não ocorreria se ele não tivesse o seguro. Assim ocorre com as empresas e seus CEOs:[2] se o poder de decisão é todo concentrado em suas mãos, ele pode se comportar de maneira "amoral" e tentar maximizar seus próprios interesses em vez de agir em nome dos acionistas da empresa. A essa possibilidade de comportamento prejudicial a teoria econômica dá o nome de **risco moral** (VARIAN, 2006).

Existem alguns mecanismos que visam mitigar os problemas trazidos pela assimetria informacional: a presença de intermediários informacionais no mercado, tais como analistas financeiros e agências de *rating* podem suprir parte da demanda por informações, por meio de análises dos relatórios financeiros e do balanço das empresas. A sinalização também pode mitigar os problemas de informação: a empresa pode voluntariamente prover informações ao mercado, sinalizando sua transparência e boa-fé. O preço também pode servir como uma poderosa sinalização: tal como exemplificado por Akerlof (1970), a demanda por carros usados cai a um determinado preço uma vez que um baixo preço sinaliza que não há bons carros usados à venda no mercado. A reputação da empresa, os contratos ótimos e a propriedade privada são outros exemplos de mecanismos que podem reduzir o problema da assimetria informacional.

2.4.2 Conflitos e assimetrias nas relações econômicas

Nas modernas corporações, é comum que a gestão da empresa e a propriedade não sejam representadas pelo mesmo agente. Essa separação de

---

2 *Chief Executive Officer.*

Características, utilidade e objetivo da contabilidade

propriedade e gestão traz um conflito adicional relacionado à assimetria informacional, abordada por Jensen e Meckling (1976): o conflito de agência. Segundo os autores, o conflito surge quando o investidor ou acionista (principal) contrata um terceiro (agente) para ser o responsável pela gestão da empresa e para agir em benefício dos acionistas. Como gestor, o agente tem acesso a informações privilegiadas sobre o desempenho de que muitas vezes o principal não tem conhecimento. Com essa informação, o agente pode agir em benefício próprio e maximizar sua própria utilidade em vez de maximizar a utilidade dos acionistas, sendo que ele fora contratado para esse fim.

Essa assimetria informacional gera custos para a organização e, a fim de mitigar os problemas de agência, Jensen e Meckling (1976) citam os custos de monitoramento despendidos pelo principal, as despesas com concessão de garantias contratuais gastas pelo agente e o custo residual, sendo o equivalente monetário referente à redução do bem-estar dos envolvidos.

2.5 Contabilidade: motivação e incentivos

A contabilidade é essencial em um ambiente com problemas de informação, pois pode reduzir os custos de agência envolvidos. Segundo Sunder (2014), a contabilidade tem cinco funções na coordenação de contratos da empresa:

1. mensurar a contribuição de cada um dos participantes nos contratos;
2. mensurar a fatia a que cada um dos participantes tem direito no resultado da empresa;
3. informar os participantes a respeito do grau de sucesso no cumprimento dos contratos;
4. distribuir informação para todos os potenciais participantes em contratos com a empresa para manter a liquidez de seus fatores de produção;
5. distribuir algumas informações como conhecimento comum para reduzir o custo de negociação dos contratos.

A contabilidade pode auxiliar na redução dos custos de agência por meio da sinalização, incentivo aos administradores e nos contratos e cláusulas restritivas. Mediante relatórios financeiros, notas explicativas e mecanismos de governança corporativa, a empresa sinaliza ao mercado, com base em instrumentos contábeis, suas boas práticas e transparência, na tentativa de atrair mais investidores, credores e consumidores. Os incentivos aos administradores podem ser relacionados à propriedade privada: geralmente, o salário dos executivos é atrelado ao desempenho da empresa, o que incentiva o gestor a agir em benefício da empresa e dos acionistas. A contabilidade serve como subsídio às cláusulas restritivas presentes em contratos usualmente ligados para proteção dos interesses dos credores e para assegurar o pagamento da dívida.

A contabilidade surge como importante instrumento para redução de assimetria informacional entre os contratos implícitos e explícitos na sociedade como um todo, abrangendo diversos agentes. A contabilidade pode ser definida como um conjunto de contratos de todos os agentes que se relacionam com a firma, e dela obtém-se uma base comum em forma de *public disclosure* (SUNDER, 2014). A contabilidade adquire uma característica simbiótica de colaboração e informação, sofrendo constantemente alterações exigidas pela sociedade, e por vezes alterando a forma com que as relações na sociedade ocorrem.

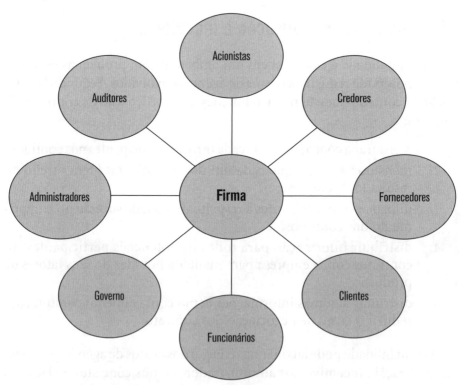

Figura 2 – A contabilidade como conjunto de contratos entre os agentes e a firma.

Fonte: Adaptado de Sunder (2014).

Características, utilidade e objetivo da contabilidade

2.6 Contabilidade e sociedade

Na literatura de teoria da contabilidade, existe uma série de discussões a respeito da cientificidade ou da tecnicidade do conhecimento contábil. O fato é que, apesar de essa discussão ser por vezes acalorada e interessante, ela está longe de ter uma visão unânime ou definitiva por técnica ou ciência.

Independentemente se técnica ou ciência, a contabilidade é fruto da *ação humana*. Ela é uma característica prevalente da sociedade em que vivemos e decorrente de pressões organizacionais e institucionais (BURCHELL et al., 1980; JENSEN; MECKLING, 1976; SUNDER, 2014).

Assim, a contabilidade, seja no setor público ou privado, tem o seu papel associado não somente ao gerenciamento de recursos financeiros, mas também aos padrões de visibilidade organizacional, à articulação de estruturas de gestão e segmentação organizacional, e pode reforçar ou até mesmo criar padrões de poder e influência do ambiente organizacional e institucional (BECKER; NEUHEUSER, 1975; BARIFF; GALBRAITH, 1978; CHANDLER; DAEMS, 1979; BURCHEL et al., 1980, por exemplo).

Ao relacionar a importância da contabilidade nas organizações, Sunder (2014) retoma a ideia do iluminista Rousseau, no *Contrato social*. Segundo Rousseau, organização é um conjunto de contratos entre agentes, sejam eles formais ou informais. Portanto, tanto um contrato de aluguel como a coautoria em um artigo científico podem ser citados como um exemplo de organização, visto que é uma relação entre partes, ou seja, entre agentes.

Dessa forma, Sunder (2014, p. 5) afirma que a "contabilidade e o controle nas organizações produzem conhecimento comum para auxiliar a definição de contratos entre agentes". Segundo o autor, o conhecimento comum é a capacidade de observar um evento pela ótica de todas as partes e a consciência de que todas as partes envolvidas também possuem essa capacidade de análise.

Logo, a contabilidade tem a função de propiciar esse conhecimento comum e dessa forma auxiliar na definição dos contratos entre os agentes, contribuindo assim para a aculturação e socialização humanas como ciência ou técnica social aplicada.

A existência de um corpo de conhecimento e prática estimula a busca pela natureza e racionalização de determinados temas. Assim, devido ao aumento da complexidade do processo organizacional e institucional, questões relacionadas ao que é contabilidade e quais as suas funções têm sido recorrentes na literatura (ver, por exemplo, BARIFF; GALBRAITH, 1978).

Dessa maneira, Burchell et al. (1980) afirmam que em determinados contextos a contabilidade é vista como se tivesse uma essência, um núcleo de obrigações funcionais e pretensões.

A visão tradicional defende que a função da contabilidade é fornecer "informação relevante para a tomada de decisão" a fim de que se promova a "alocação racional dos recursos", a "manutenção da *accountability* institucional" e a "proteção da propriedade". Trata-se de atributos funcionais que fornecem uma justificativa racional para a existência da contabilidade.

No entanto, apesar de a visão tradicional ser a função dominante no pensamento contábil, Young (2006) defende que essa é uma visão presumida da contabilidade e determinada não pelos usuários, mas pelas instituições que regulam as normas contábeis baseadas nas premissas de eficiência, racionalidade e relevância da informação contábil. Ainda, essa visão tradicional tem como objetivo fornecer interpretações particulares da função da contabilidade baseadas nas teorias tradicionais da economia e da administração, conforme apontam Burchell et al. (1980).

Assim, outras visões sobre a função da contabilidade têm se desenvolvido principalmente no ambiente acadêmico. Essas visões alternativas têm ajudado a construir o que se denomina hoje **teoria crítica da contabilidade**.

Essas visões alternativas sobre o que seria a contabilidade e sua função analisam os sistemas contábeis como *espelhos da sociedade ou das organizações* em que ela está inserida. No que concerne à contabilidade como *espelho da sociedade*, essa visão alternativa entende que a contabilidade reflete as relações sociais existentes na sociedade. Assim, sociedades feudais necessitavam de sistemas contábeis também feudais, sistemas capitalistas demandam modelos contábeis igualmente capitalistas (BURCHELL et al., 1980), e diferentes significados sociais foram atribuídos à contabilidade.

Para Karl Marx, por exemplo, a contabilidade é um fenômeno ideológico que perpetua uma forma falsa de consciência e é utilizada como um meio de mistificar a essência das práticas sociais ao longo do processo produtivo. De acordo com a interpretação de Most (1963) e Bailey (1978) sobre a obra marxista, a contabilidade é um instrumento perfeitamente adequado para a racionalização da tomada de decisão capitalista.

Max Weber entende que a contribuição da contabilidade para a manutenção de uma ordem econômica está vinculada à sua racionalização econômica. Segundo Weber (2014), o dinheiro é a mais perfeita mensuração do significado econômico. Dessa forma, a contabilidade consegue, por meio da mensuração, evidenciar o fato econômico.

Do ponto de vista **organizacional**, alguns desses autores críticos analisam os sistemas contábeis como um reflexo das características da complexidade e da incerteza do ambiente organizacional, da tecnologia e da estratégia corporativa (ver, por exemplo, HOPWOOD, 1978; BURCHELL et al., 1980) e defendem que, apesar de existir uma ampla literatura que aborda a função da contabilidade como fornecedora de informações relevantes para o processo decisório dentro e fora das organizações, a relação real entre o fornecimento de informação e o processo decisório é mais presumida do que efetivamente descrita nas pesquisas científicas e não aborda os arranjos sociais, políticos e ideológicos que impactam diretamente nos negócios e corporações.

Assim, a contabilidade é característica do tipo de organização, conforme apontam Burchell et al. (1980), e a tomada de decisão organizacional formal é muito mais complexa do que se pressupõe. Portanto, a contabilidade pode servir para uma variedade de fins e utilizada por diferentes atores e de diferentes maneiras.

De uma maneira geral, Burchell et al. (1980) evidenciam quatro papéis que a contabilidade pode exercer na sociedade:

1. máquina de respostas: sistema de informação que cria a informação;
2. máquina de aprendizado: a contabilidade subsidia a análise do usuário;
3. máquina de munição: promove e legitima os interesses particulares das partes interessadas; e
4. máquina de racionalização: legitima as decisões já tomadas e contextualiza as informações necessárias para determinadas ações no passado.

Os dois primeiros papéis da contabilidade são amplamente explorados pela literatura. No entanto, os dois últimos nem tanto, e por isso Burchell et al. (1980) defendem que, quando os objetivos são incertos ou existem ideias sendo disputadas, os sistemas de informação contábeis geralmente são utilizados para articular e promover um interesse ou valor particular dentro das organizações, atribuindo um papel político à contabilidade.

Breves conclusões

Ao longo deste capítulo foi possível verificar que a contabilidade possui diferentes vasos comunicativos com outras áreas do conhecimento humano (e.g., economia, administração, sociologia, dentre outras), bem como sua

Capítulo 2

menção por autores como Weber destaca sua relevância na ordem do desenvolvimento das nações e corporações, colocando em dúvida a interpretação de que esta é uma área cujo desenvolvimento é reativo à desenvoltura econômica. Por exemplo, não é trivial estabelecer uma resposta definitiva para o seguinte questionamento: Nações que se desenvolveram economicamente o fizeram por que possuíam sistemas contábeis mais racionalizados ou os ordenamentos contábeis evoluíram ao passo que as economias se robusteceram?

Nesse ínterim, destaca-se o propósito fundamental da informação contábil, qual seja: bem informar. A boa informação, ou a informação útil, tomada em sua abordagem mais intuitiva, é aquela capaz de gerar elementos de percepção nos seus usuários que, cientes de um determinado contexto, adequam seu processo de tomada de decisões em busca da otimização de suas funções e utilidades. Isto é, considere-se, por exemplo, um grupo de investidores que possuam duas alternativas para alocação de seus recursos financeiros. Sem a posse de relatórios contábeis, tais investidores não conseguem distinguir qual organização demonstra melhor situação patrimonial, bem como a empresa que nos últimos períodos entregou melhores retornos.

É óbvio que os relatórios contábeis não são a única fonte informacional de que *stakeholders* se valem; todavia, a informação contábil é, em geral, menos onerosa, ou gratuita, para tais agentes, assim como seu processo de elaboração envolvendo validadores externos, como auditores e reguladores, faz com que a contabilidade se posicione como uma fonte comparativamente mais crível que as demais.

Sendo assim, as características, utilidades e os objetivos da contabilidade estão intimamente ligados às necessidades informacionais apresentadas pelos agentes que se valem dos seus relatórios. Portanto, é natural que haja uma variedade de interesses acerca dos relatórios contábeis, principalmente porque não há homogeneidade em seus usuários. Por esse motivo, a contabilidade pode se transformar no centro de tensões de interesses divergentes acerca de quais informações são mais úteis e a forma como devem ser apresentadas.

Referências

AKERLOF, G. A. The market for "lemons": quality uncertainty and the market mechanism. *The Quarterly Journal of Economics*, v. 84, n. 3, p. 488-500, 1970.

ARROW, K. J. Uncertainty and the welfare economics of medical care. *The American Economic Review*, v. 53, n. 5, p. 941-973, 1963.

BAILEY, D. T. Marx on accounting. *The Accountant*, v. 17, August. 1978.

BARIFF, M. L.; GALBRAITH, J. Intraorganizational power considerations for designing information systems. *Accounting, Organizations and Society*, v. 3, n. 1, p. 15-28, 1978.

BECKER, S. W.; NEUHEUSER, D. *The efficient organization*. New York: Elsevier, 1975.

BURCHELL, S.; CLUBB, C.; HOPWOOD, A.; HUGHES, J.; NAHAPIET, J. The roles of accounting in organizations and society. *Accounting, Organizations and Society*, v. 5, n. 1, p. 5-27, 1980.

CARVALHO, L. N.; IUDÍCIBUS, S.; MARTINS, E. Contabilidade: aspectos relevantes da epopeia de sua evolução. *Revista Contabilidade & Finanças*, v. 16, n. 38, p. 7-19, 2005.

CHANDLER, A.; DAEMS, H. Administrative co-ordination, allocation and monitoring: a comparative analysis of the emergence of accounting and organization in the USA and Europe. *Accounting, Organizations and Society*, v. 4, n. 1, p. 3-20, 1979.

HOPWOOD, A. G. Towards an organizational perspective for the study of accounting and information systems. *Accounting, Organizations and Society*, v. 3, n. 1, p. 3-13, 1978.

JENSEN, M. C.; MECKLING, W. H. Theory of the firm: managerial behavior, agency costs, and ownership structure. *Journal of Financial Economics*, v. 3, n. 4, p. 305-360, 1976.

KAM, V. *Accounting theory*. 2nd ed. New York: John Wiley & Sons, 1990.

LOPES, A. B.; MARTINS, E. *Teoria da contabilidade*: uma nova abordagem. São Paulo: Atlas, 2005.

MOST, K. S. Marx and management accounting. *The Accountant*, p. 159-178, 1973.

STIGLITZ, J. E.; WALSH, C. E. *Introdução à microeconomia*. 3. ed. Rio de Janeiro: Campus, 2003.

SUNDER, S. *Teoria da contabilidade e do controle*. São Paulo: Atlas, 2014.

VARIAN, H. R. *Microeconomia*: princípios básicos. 7. ed. Rio de Janeiro: Elsevier, 2006

YOUNG, J. J. Making up users. *Accounting, Organizations and Society*, v. 31, n. 6, p. 579-600, 2006.

WEBER, M. *A ética protestante e o espírito do capitalismo*. São Paulo: Companhia das Letras, 2014.

Capítulo 2

Estudo de caso

Os preparadores das informações contábeis de uma empresa de capital aberto que atua no ramo de previdência privada (obrigada a apresentar publicamente suas demonstrações financeiras) estão enfrentando alguns dilemas em sua atuação. A sociedade possui uma carteira de beneficiários muito ampla, existindo centenas de milhares de pessoas que contrataram planos de previdência privada, de forma que a operação da empresa tem alto impacto social. Nesse contexto, tendo em vista a mudança de perspectiva sobre o futuro da empresa em razão de mudanças econômicas, os preparadores das informações passaram a avaliar juntamente com atuários, auditores e economistas da empresa a possibilidade de enfrentarem sérios problemas de solvência no longo prazo. Os apontamentos que surgiram dessa avaliação foram os seguintes:

1. A empresa não apresenta problemas de caixa, tendo em vista que os seus passivos são concentrados no longo prazo, sendo a maior parte decorrente das obrigações com os benefícios dos contratos entre a empresa e os segurados.

2. A crise econômica deteriorou os benefícios futuros esperados de parcela significativa dos ativos da empresa.

3. Alguns dos critérios utilizados na elaboração das provisões decorrentes das obrigações com os segurados estão sendo revisados pelos atuários, o que deverá acarretar no aumento significativo do passivo da companhia.

4. A equipe de auditoria acredita que os parâmetros atuariais utilizados atualmente são excessivamente otimistas.

Além desses apontamentos, deve-se levar em conta que a alta administração vem pressionando a equipe responsável pela preparação das demonstrações contábeis para que seja adotada uma perspectiva otimista sobre o futuro da empresa, mesmo sendo de conhecimento que, de acordo com a visão predominante da equipe, esse não é o cenário mais provável.

Vale ressaltar ainda que a empresa atua em um ramo regulado e será submetida este ano a um processo de auditoria externa no qual será avaliada a saúde financeira da empresa no intuito de proteger os interesses dos beneficiários dos planos.

Características, utilidade e objetivo da contabilidade

1ª) Considerando todo o potencial de alcance da informação contábil no caso citado, responda quem são os usuários e qual o tipo de informação que buscam nos demonstrativos contábeis.

2ª) Considerando a diversidade de usuários, como as informações contábeis deveriam ser preparadas, direcionando aos principais usuários, tentando alcançar todos eles e fornecendo um grande banco de dados para que selecionassem as informações conforme suas necessidades ou ainda outra forma? Explique o motivo da escolha.

3ª) Há assimetria informacional quando comparados os preparadores e os usuários internos com os usuários externos das informações contábeis? Em caso afirmativo, cite alguns motivos de por que isso ocorre.

4ª) Como a discricionariedade na escolha das práticas e divulgação dos elementos contábeis pode afetar os usuários? Existem influências da realidade socioeconômica da empresa na preparação da informação contábil? Cite ao menos um impacto positivo e um negativo para a sociedade que a discricionariedade das escolhas contábeis pode causar.

Questões de múltipla escolha

1. Desde seu surgimento, a contabilidade tem evoluído com o passar do tempo. Isso é devido principalmente:

   a) Ao caráter puramente matemático relacionada a escrituração contábil.

   b) À sua estreita ligação com as atividades sociais, acompanhando a evolução das diferentes necessidades da sociedade com o passar dos anos.

   c) Ao surgimento das partidas dobradas. Não houve mudanças após sua criação.

   d) À revolução industrial, mas perdendo espaço após inovações tecnológicas.

   e) À simplicidade das entidades empresariais atuais.

2. Algumas características locais podem influenciar a prática contábil de um determinado país. Analise os itens dispostos a seguir:

   I) Arcabouço legal.

   II) Fonte de recursos das empresas.

   III) Regulamentação governamental.

   Com relação aos itens I, II e III, escolha a alternativa que contemple todas as características, dentre as opções listadas, que podem influenciar a prática contábil local:

Capítulo 2

a) Apenas o item I.

b) Apenas os itens I e II.

c) Apenas itens I e III.

d) Itens I, II e III.

e) Apenas item III.

3. O conflito de agência surge devido a:

a) Contratos de incentivos.

b) Sinalização a investidores.

c) Informação assimétrica entre gestores e investidores.

d) Custos de monitoramento.

e) Concessão de garantias contratuais.

4. De que forma a contabilidade pode auxiliar os problemas e custos trazidos pelos conflitos de agência?

a) A contabilidade pode majorar estes custos com a divulgação de informações sobre a empresa.

b) A contabilidade é utilizada apenas para controle interno, não sendo relacionada aos custos de agência.

c) A contabilidade pode diminuir os custos através de divulgação de informações e formar uma base comum de conhecimento a todos os envolvidos.

d) A contabilidade fornece informações que não possuem impacto direto nos custos de agência.

a) Nenhuma das anteriores.

5. Considerando que nos primórdios da contabilidade ainda não existia o conceito de números negativos, aponte entre as alternativas a seguir um fator que contribuiu para superar esta dificuldade que está relacionada à realização dos registros contábeis.

a) Utilização do método das partidas dobradas.

b) Criação do conceito de patrimônio líquido.

c) Utilização de notas explicativas relativas aos demonstrativos contábeis.

d) Organização dos itens do balanço patrimonial em ordem decrescente de liquidez e exigibilidade para o ativo e o passivo respectivamente.

e) Os registros contábeis não podem de modo algum incorporar o conceito dos números negativos, e por isso este fato não representa uma dificuldade.

6. Assinale a alternativa verdadeira sobre a relação entre a contabilidade e a economia.

a) Do ponto de vista econômico, a contabilidade não tem utilidade, pois sempre se assume que os mercados são perfeitamente competitivos.

Características, utilidade e objetivo da contabilidade

b) Em mercados imperfeitos, a contabilidade é importante para reduzir a assimetria informacional entre os usuários das informações.

c) A assimetria informacional consiste em diferentes níveis de informação entre dois ou mais indivíduos, e esta diferença não pode afetar o comportamento destes indivíduos em relação às suas tomadas de decisão.

d) O conceito de mercado perfeito leva em conta que diferentes indivíduos têm níveis informacionais diferentes em relação ao mercado.

e) O problema de incentivo é um caso de assimetria informacional que pode ser exemplificado no caso de acionistas que agem diretamente em benefício da empresa que fazem parte.

7. Considerando a assimetria informacional como contexto, assinale a alternativa incorreta:

a) O conflito de agência pode ser exemplificado no caso em que um acionista (principal) contrata um terceiro (agente) para ser o responsável pela gestão da sua empresa, e em vez do agente agir em benefício do acionista, ele utiliza o acesso privilegiado às informações de que o principal não tem conhecimento para agir em interesse próprio.

b) Intermediários informacionais são uma forma de mitigar os problemas advindos da assimetria informacional.

c) O preço de um produto pode ser considerado como um exemplo de sinalização.

d) Em mercados perfeitamente competitivos, ao se traçar uma curva relacionando graficamente demanda e preço, a curva da demanda cresce à medida que os preços caem. Em mercados com informação assimétrica, espera-se que esta curva tenha sempre um comportamento semelhante.

e) Em mercados com informação assimétrica, se a demanda por carros usados cai a um determinado preço, pode ser um sinal de que não há bons carros usados à venda no mercado.

8. Assinale a alternativa correta sobre a relação entre a contabilidade e a sociedade.

a) A evolução da contabilidade pode ser vista como um reflexo da evolução das sociedades, o que implica dizer há uma estagnação do desenvolvimento contábil desde a Revolução Industrial.

b) Considerando a contabilidade como um espelho da sociedade, é pertinente afirmar que os modelos dos sistemas contábeis serão sempre iguais.

c) Entre as funções da contabilidade, uma delas pode ser atribuída à função de subsidiar a análise do usuário.

d) A contabilidade tem a função de fornecer informações para a tomada de decisão. Assim, pode-se afirmar que a contabilidade independe da ação humana.

e) O papel da contabilidade está relacionado à apresentação de informações econômicas e financeiras aos usuários e, por isso, não pode ser empregada às organizações sem fins lucrativos.

Capítulo 2

9. Assinale a alternativa correta:

a) Para Karl Marx, a contabilidade é um fenômeno ideológico, e como o dinheiro é a forma mais perfeita de mensuração econômica, a contabilidade está vinculada à manutenção da ordem.

b) Para Max Weber, a contabilidade contribui para manter a ordem econômica e está vinculada à racionalização econômica.

c) Weber e Marx concordam que a contabilidade mistifica a essência das práticas sociais.

d) Para os autores críticos, a função da contabilidade é comprovada dentro e fora das organizações.

e) A contabilidade pode servir para uma variedade de fins, mas sempre para os mesmos atores e da mesma forma.

10. Assinale a opção correta sobre os papéis sociais que a contabilidade pode exercer na sociedade na visão de Burchell et al. (1980):

a) A contabilidade exerce quatro papéis: máquina de respostas, máquina de aprendizado, máquina de munição e máquina de explicação.

b) Como máquina de respostas, a contabilidade é entendida como instrumento de análise do usuário.

c) Quando exerce o papel de máquina de munição, a contabilidade é vista como um sistema de informação.

d) O papel de aprendizado da contabilidade está vinculado ao fato de ela ser um meio para auxiliar a análise do usuário.

e) Promover e legitimar interesses particulares das partes interessadas é um papel elencado no papel de máquina de respostas da contabilidade.

Questões para reflexão

- Contabilidade
    - Qual o objetivo da contabilidade? A contabilidade pode pretender ser a representação de uma realidade econômica?
    - Existe escolha contábil ou o caminho é unívoco?
    - Qual o conceito de *"financial reporting"* na nova ordem contábil?
    - Para quem serve a informação contábil? A contabilidade serve para quais tipos de usuários, internos e/ou externos?
    - Qual a relação entre "o produto" da contabilidade (a informação contábil em si) e o conceito de ESG (Environmental, Social & Governance)?
    - Qual a relação entre o tipo de usuário e as escolhas contábeis?

- Contabilidade e economia
  - Onde a informação afeta a economia?
  - Os mercados são "imperfeitos"... e a informação, é perfeita?
  - Se não for perfeita, quais as consequências?
  - Existem conflitos e assimetrias nas relações econômicas?
  - Quais as motivações e incentivos de quem "contabiliza"?
  - A contabilidade pode ajudar em quê?
  - A contabilidade afeta, é afetada, ou ambos, nesse cenário?

- Contabilidade e sociedade
  - A contabilidade é fruto da natureza ou da ação humana?
  - Quais as razões que levam o ser humano a necessitar de informação contábil?
  - Como a necessidade de informação contábil afeta a organização social?
  - Como os efeitos da contabilidade afetam o comportamento humano?
  - Como o interesse individual ou de um grupo específico afeta as escolhas contábeis?
  - As escolhas contábeis se baseiam, fundamentalmente, em aspectos técnicos ou comportamentais?

- Afinal, o que é contabilidade?
  - Contabilidade é somente prática?
  - Contabilidade é uma organização social?
  - Quais os limites da contabilidade como área de conhecimento?
  - À luz da multiplicidade de aspectos que permeiam a contabilidade, qual deve ser o papel da academia no mundo contábil?

Referências adicionais para aprofundamento

BOZZOLAN, S.; FABRIZI, M.; MALLIN, C.; MICHELON, G. Corporate social and earnings quality: international evidence. *The International Journal of Accounting*, v. 50, p. 361-396, 2015.

COMITÊ DE PRONUNCIAMENTOS CONTÁBEIS (CPC). *Pronunciamento Conceitual Básico (R2)*. Brasília: CPC, 2014.

FLORES, E.; WEFFORT, E.; SILVA, A.; CARVALHO, N. Earnings management and macroeconomic crises: evidences from Brazil and USA capital markets. *Journal of Accounting in Emerging Economies*, v. 6, n. 2, p. 179-202, 2016.

Capítulo 2

FIELDS, T. D.; LYS, T. Z.; VINCENT, L. Empirical research on accounting choice. *Journal of Accounting and Economics*, 31, 2001. (Tópicos 1 a 3; tópico 4.)

INTERNATIONAL ACCOUNTING STANDARDS BOARD (IASB). *The conceptual framework for financial reporting*. Londres: IASB, 2015.

JENSEN, M. C.; MECKLING, W.H. Teoria da firma: comportamento dos administradores, custos de agência e estruturas de propriedade. *Revista de Administração de Empresa – RAE*, v. 48, n .2, abr.-jun. 2008. (Tópico 1.)

LOPES, A. B.; MARTINS, E. *Teoria da contabilidade* – uma nova abordagem. São Paulo: Atlas, 2005. (Capítulos 2 e 3; p. 28-63.)

STIGLITZ, J. E.; WALSH, C. E. *Introdução à microeconomia*. 3. ed. Rio de Janeiro: Campus, 2003. (Capítulo 14.)

VARIAN, H.R. *Microeconomia*: princípios básicos. 9. ed. Rio de Janeiro: Elsevier, 2012 (Capítulo 37.)

WEBER, M. *Capitalism, bureaucracy and religion*. Routledge: London, 2006.

3

O que é teoria da contabilidade?

ALAN DIÓGENES GÓIS
EDUARDO FLORES
HELEN CRISTINA SILVA OLIVEIRA
VITOR HIDEO NASU

Capítulo 3

3.1 Introdução

O capítulo anterior abordou os principais pontos sobre as características, a utilidade e o objetivo da contabilidade. Seguimos então para o próximo passo, que é compreender o que é teoria da contabilidade, sua evolução, utilidade para a pesquisa contábil, bem como as diferentes abordagens da teoria contábil.

3.2 Definições de teoria e teoria contábil

3.2.1 O que é teoria?

O filósofo Claude Bernard (1978) (apud LALANDE, 1999) define que a teoria é a hipótese verificada depois de ter sido submetida ao controle do raciocínio e da crítica experimental, devendo modificar-se de acordo com o progresso da ciência e ser constantemente submetida a prova.

De acordo com o aspecto científico da teoria, a observação verificada empiricamente permite que a teoria e o fato não sejam opostos, mas sim que propicie elementos apropriados para a explicação dos fatos. Dessa forma, segundo Marconi e Lakatos (2000), não seria possível a existência de teoria sem estar baseada em fatos e, por sua vez, os fatos sem um princípio de classificação, ou a teoria não produziria a ciência.

Interessante, assim, analisar algumas definições de teoria encontradas nos dicionários de filosofia, pois ao longo do tempo a teoria foi interpretada de forma diferente pelos autores:

- Aspecto hipotético universal de algo, oposição e uma abstração da prática[1] (DAGOBERT, 1942).
- Sob o aspecto da ciência social, explica as ações por meio da sua interpretação, tornando-a compreensível[2] (DARITY JR., 1991).
- Objeto de conhecimento desinteressado, independentemente das suas aplicações e oposição à prática (LALANDE, 1999).

---

[1] Tradução livre: "Theory – the hypothetical universal aspect of anything. For Aristotle, pure knowledge as opposed to the practical. An abstraction from practice."

[2] Tradução livre: "The point of social-scientific theories is, on this view, to explain actions by interpreting them so that they are intelligible."

- Condição hipotética ideal, na qual normas e regras são cumpridas plenamente e que na realidade são observadas imperfeita ou parcialmente (ABBAGNANO, 2007).

Segundo Iudícibus (2012), no campo da ciência social, a definição de teoria pode apresentar controvérsias, pois uma definição única e abrangente seria improvável de ser aplicada a todas as áreas do conhecimento, além do que as teorias evoluem de acordo com a sociedade. Assim, alguns autores apresentam outras definições de teoria que nos permitem compreender um pouco da complexidade do assunto.

- "Uma teoria consiste de duas partes: as premissas, incluindo a definição das variáveis e a lógica que as relaciona, e o conjunto de hipóteses substantivas."[3] (WATTS; ZIMMERMAN, 1986).
- "[...] é um conjunto de constructos (conceitos), definições e proposições relacionadas entre si, que apresentam uma visão sistemática de fenômenos especificando relações entre variáveis, com a finalidade de explicar e prever fenômenos da realidade." (MARTINS; THEÓFILO, 2007).
- "[...] teoria são generalizações que servem para organizar e dar sentido a uma massa de dados, bem como estabelece uma relação de significado para este dado."[4] (GLAUTIER; UNDERDOWN, 2001).
- "Teoria se propõe a explicar uma relação ou predizer um fenômeno."[5] (DODD et. al., 2008).

A teoria empírica, segundo Glautier e Underdown (2001), faz parte de um processo de construção e associação entre teoria e fatos, que tem como objetivo simplificar a realidade por meio de generalizações que são facilmente assimiladas. O processo de validação de uma teoria é elaborado a partir da análise construída pela verificação das hipóteses através da experiência com o objetivo de prover explicações e predições. Segundo os autores, o método científico passa pelas seguintes etapas:

Universos dos fatos → Reconhecimento de um problema → Coleta e organização dos dados → Teste de hipóteses → Formulação da proposição

---

3 Tradução livre: "A theory consist of two parts: the assumptions, including the definition of variables and the logic that relates them, and the set of substantive hypothesis."

4 Tradução livre: "[...] theories are generalizations which serve to organize otherwise meaningless masses of data, and which thereby establish significant relationship in respect of such data."

5 Tradução livre: "Theory attempt to explain relationship or predict phenomena."

Capítulo 3

e definição → Verificação, modificação ou rejeição da teoria → Aceitação da teoria.

A definição de teoria brevemente explorada nesta seção permite questionar o que vem a ser então uma teoria contábil? Por ser uma ciência social, a teoria contábil pode ter mais de uma percepção como ciência. Por exemplo, Dodd et. al. (2008) consideram como "regras básicas, definições, princípios, e conceitos que fundamentam os padrões contábeis e como eles são derivados".[6]

Hendriksen e Breda (1999) definem como um conjunto coerente de princípios hipotéticos, conceituais e pragmáticos que formam um quadro geral de referência para a investigação da natureza da contabilidade.

Para Watts e Zimmerman (1986), a teoria possui características de explicação e predição, provendo condições para diversos usuários interpretarem a contabilidade além dos métodos.

Ao escrever sobre evolução e tendências da contabilidade, Iudícibus (2012) define teoria contábil como um conjunto de conceitos inter-relacionados, definições, proposições que apresentam uma visão sistemática do fenômeno, por meio da especificação das relações entre variáveis com a finalidade de explicar e predizer o fenômeno.

É fato que existem diversas definições de teoria contábil, bem como é possível identificar que não existe um consenso entre os autores; entretanto, a contabilidade é vista sob a luz de uma ciência social que evolui e se desenvolve de acordo com a própria sociedade. Podemos, então, questionar para que serve ou deveria servir uma teoria contábil?

Na visão de Glautier e Underdown (2001), uma teoria contábil está relacionada a uma referência conceitual que tenha como objetivo orientar os profissionais de contabilidade no desempenho da prática contábil, bem como guiar o desenvolvimento de novas práticas e procedimentos.

Para Martins e Theófilo (2007), a teoria tem como objetivo explicar por que, como e quando os fenômenos ocorrem, permite dar ordem ao conhecimento sobre um fenômeno da realidade e possui uma característica preditiva, ou seja, é possível fazer inferências sobre o futuro, como orientar se, dadas certas condições, um fenômeno pode se manifestar ou ocorrer.

Hendriksen e Breda (1999) reconhecem que a teoria oferece uma melhor compreensão das práticas existentes, apresenta um referencial conceitual e orienta o desenvolvimento de novas práticas.

---

6 Tradução livre: "[...] basic rules, definitions, principles, and concepts that underlie the drafting of accounting standards and how they are derived."

O que é teoria da contabilidade?

Segundo Ribeiro et al. (2009), a teoria da contabilidade também está associada a três ações importantes: a **compreensão** dos fenômenos sociais econômicos, o **desenvolvimento** de um olhar **crítico** que tenha como objetivo debater e entender para propiciar a **transformação** da sociedade.

3.3 A pesquisa normativa e positiva em contabilidade

Iniciamos com a visão trazida por Iudícibus, Martins e Carvalho (2005, p. 16), ao sintetizar a definição de teoria normativa e teoria positiva.

> A teoria normativa, apoiada, preferencialmente, no método dedutivo, faz hipóteses sobre o universo contábil e deriva prescrições de como a Contabilidade deveria proceder para maximizar a utilidade da informação para os variados tipos de usuários.

Já a teoria positiva, para os autores (2005, p. 16),

> foca aspectos mais restritos da fenomenologia contábil, estabelece hipóteses e testa, muitas vezes através de métodos quantitativos, mas nem sempre, tais hipóteses. Procura entender o mundo contábil como ele é, porque é assim e não como deveria ser.

A pesquisa normativa prevaleceu por muitos anos fundamentando-se em conceitos, modelos e doutrinas. A crise de 1929 na Bolsa de Valores de Nova York, por exemplo, teve um papel importante na regulação contábil prescritiva pois, em resposta à crise, em 1933 foi criada a Security Exchange Commission (SEC), com o objetivo de regular e supervisionar a divulgação das demonstrações financeiras das empresas listadas na Bolsa de Valores de Nova York. A partir de 1950, novos estudos empíricos em finanças foram desenvolvidos com foco no mercado de capitais, grande parte devido à disponibilidade de dados computadorizados, ao desenvolvimento de métodos quantitativos e à importância do mercado de capitais para a economia.

A dicotomia entre teoria positiva e normativa na pesquisa contábil cresceu fortemente a partir de 1968 com a publicação dos trabalhos de Ball e Brown (1968), e Beaver (1968), ao relacionar os números contábeis com os preços das ações no mercado americano. Esses trabalhos impactaram fortemente a literatura contábil iniciando a discussão sobre pesquisa positiva que se tornou *mainstream* até hoje (WATTS; ZIMMERMAN, 1986; IUDÍCIBUS; LOPES, 2012).

Capítulo 3

A partir de 1979, os estudos iniciais referentes à hipótese de mercado eficiente (EMH) e ao modelo de precificação dos ativos (CAPM) tiveram um impacto significativo na pesquisa contábil, cunhando-se o termo de **teoria positiva da contabilidade**.

Segundo Watts e Zimmerman (1986), a teoria positiva da contabilidade foi desenvolvida como resultado do desenvolvimento de teorias financeiras e conceitos econômicos. A teoria positiva se preocupa em explicar e prever o comportamento de variáveis com uma preocupação em descrever e analisar as relações, ou seja, **explicar** – prover razões para a prática observada – e **predizer** no sentido da teoria com poder preditivo da prática contábil.

Martins (2005) discute essa dicotomia positivo *versus* normativo tão debatida nos dias de hoje e ressalta que poderia existir uma complementariedade entre a teoria positiva e normativa, uma espécie de ciclo virtuoso, em que há pensadores e criadores que não são capazes de provar e comprovar suas teorias e no qual existem os pesquisadores com habilidades de prover verificações empíricas, mas com limitações referentes à criação.

> Quem sabe ainda tenhamos mais pesquisas e provas por parte dos Positivistas do que os usuários de fato precisam e querem (na Contabilidade Financeira – Geral – e na Gerencial), e com isso consigamos direcionar a mente e a criatividade dos pesquisadores Normativistas para produzirem essas respostas, a serem testadas pelos Positivistas, que gerarão novas demandas para os Normativistas etc. Que belo círculo virtuoso corremos o risco de ter!

3.4 A pesquisa contábil

O conhecimento contábil foi impactado por eventos que influenciaram a prática contábil, regularam a profissão e expandiram a importância da profissão do contador. Segundo Most (1982), alguns eventos – como a Revolução Industrial no século XVIII, que trouxe a transição da produção doméstica para a produção fabril – introduziam a contabilidade no processo de industrialização e sua atenção ao custo do produto. As companhias ferroviárias em 1894 também trouxeram à discussão o conceito de ativo fixo com longa vida útil, depreciação e seu impacto no lucro. O desenvolvimento econômico permitiu a ascensão da profissão contábil, a organização dessa categoria como profissional, bem como o crescimento de instituições responsáveis pela regulamentação da contabilidade para emissão de pronunciamentos e técnicas contábeis a partir de 1900.

O que é teoria da contabilidade?

Em 1913, o Tesouro americano impôs o imposto sobre a renda, o que levou a uma preocupação significativa da necessidade de mensurar a renda como premissa para a taxação, trazendo, assim, maior importância ao papel do contador, melhoria e ampliação da prática contábil e desenvolvimento da necessidade de estudar teoria contábil. Durante a Primeira e a Segunda Guerra Mundial, as indústrias passaram a ser utilizadas para suprir as demandas das guerras, tais como armas, munição, motores, roupas militares. Contratos exclusivos entre as indústrias e o governo foram celebrados, acarretando uma melhoria dos métodos de custeio. A história da contabilidade aborda estes entre outros eventos da história que fizeram com que o conhecimento e a prática contábil fossem amadurecendo, e evidencia o crescimento da regulamentação nesse setor.

O aspecto normativo das pesquisas em contabilidade contava com órgãos como o Financial Accounting Standard Board (FASB), criado em 1972, que atuava com o objetivo de fixar padrões de contabilidade para o setor privado e estabelecer um padrão uniforme para as práticas contábeis, bem como a preocupação com as demonstrações contábeis produzidas pelas empresas. Esse aspecto prescritivo ainda é relevante nos dias de hoje, e órgãos como o FASB, o International Accounting Standard Board (IASB) e, no Brasil, o Comitê de Pronunciamentos Contábeis (CPC) ainda atuam com esse caráter normativo. Porém, conforme ressaltam Hendriksen e Breda (1999), o objetivo da contabilidade tem mudado ao longo do tempo, pois, inicialmente, a contabilidade se concentrava nos interesses dos credores, e hoje tem como objetivo o fornecimento de informações para a tomada de decisão dos investidores, trazendo uma visão mais positiva para as pesquisas em contabilidade, procurando compreender a contabilidade como ela é e explorando o seu poder preditivo.

Ao examinar a demanda por pesquisa contábil, Watts e Zimmerman (1986) a dividem em dois mercados (regulamentado e não regulamentado) e determinam suas principais funções. No mercado não regulamentado, a teoria contábil tem três funções:

1. Demanda por informação: representa a demanda por previsão dos efeitos dos procedimentos contábeis sobre os gerentes, auditores, credores, investidores etc.

2. Demanda pedagógica: refere-se à diversidade de procedimentos contábeis que, consequentemente, aumenta a dificuldade de ensinar a prática contábil.

3. Demanda por justificativa: refere-se à satisfação de interesses particulares dos agentes usando a contabilidade para seus próprios interesses.

Capítulo 3

O mercado regulamentado indica que a presença do Estado, a emissão de normas e regulamentos governamentais aumentam as demandas por informação, criando, porém, uma demanda por teoria contábil normativa utilizando o argumento de interesse público.

Em sua tese, Eric Martins (2012) ressalta que nos dias de hoje a pesquisa contábil deveria gerar conhecimento útil bem fundamentado filosófica, teórica e metodologicamente, e que possa dar fundamentos para a melhoria da prática, não somente para os pesquisadores, mas para a sociedade em geral.

A evolução do conhecimento contábil deve ser dinâmica e interdisciplinar, assim como é a evolução da sociedade, incluindo a visão de Hopwood (2007), a qual ressalta que a contabilidade, como prática, deveria ser constantemente examinada, reexaminada, interrogada e criticada dentro do universo de conhecimento.

3.5 Teoria geral da contabilidade

Uma das perguntas comumente feitas na área de pesquisa em contabilidade é se há uma teoria geral da contabilidade. Watts e Zimmerman, no artigo "The demand for and supply of accounting theories: the market for excuses" (1979), exploraram a razão de as teorias em contabilidade à época serem predominantemente normativas e por que uma teoria única em contabilidade não é geralmente aceita. Os autores fazem referência ao fato de que, em 1977, um comitê (Committee on Concepts and Standards for External Reports) da American Accounting Association havia concluído que uma única e universalmente aceita teoria contábil básica não existia à época.

Segundo Watts e Zimmerman (1979), a teoria contábil, naquela época, tinha pouco impacto na prática contábil ou na elaboração de normas contábeis, pela falta de uma metodologia forte nas pesquisas em contabilidade. E estendiam sua conclusão para a falta de consenso entre os pesquisadores, chamando a atenção para o fato de que eles falhavam em satisfazer os preparadores de demonstrações financeiras e os emissores de normas contábeis.

Eles fazem referência também ao artigo de Zeff (1972), que diz que a teoria da contabilidade é mais usada como uma tática para suportar um "pré-conceito" do que atuar como um genuíno árbitro das diferentes visões e interesses. Watts e Zimmerman (1979) concordam e reforçam essa conclusão ao afirmarem que a contabilidade é um dos meios que afetam a transferência das riquezas entre indivíduos e, por isso, em um processo político, as partes demandam teorias contábeis que justifiquem seus interesses. Como há indivíduos com diferentes interesses, ocorre o desenvolvimento de diferentes teorias, visando dar suporte a cada um desses interesses.

É justamente essa diversidade de interesses que impede um acordo geral em torno de uma teoria contábil única. E por isso mesmo as pesquisas nos últimos anos têm sido predominantemente normativas, o que as deixa mais fácil de atender a diferentes objetivos/demandas.

Farias e Farias (2010) fazem referência ao modelo teórico de Nobes (1998). Na ocasião, Nobes identificou a necessidade de uma teoria geral em contabilidade que explicasse os diferentes sistemas contábeis existentes no mundo. O próprio Nobes explica essa necessidade a partir das "razões das diferenças internacionais na divulgação financeira". Segundo ele, "uma das maiores causas das diferenças das informações contábeis decorre dos diferentes objetivos para os quais são divulgadas". E reforça que, no nível de um país, em particular, o sistema financeiro é relevante para determinar os objetivos de divulgação de informações contábeis. A sugestão do autor é que houvesse uma teoria geral de contabilidade e a partir dela se criassem critérios fundamentais para diferenciar os modelos de contabilidade para as diferentes classes de países, na sua concepção, basicamente relacionadas com o modelo anglo-saxão e o modelo europeu continental, considerando, a partir dessa classificação e características de cada país (tais como cultura, sistema financeiro e sistema contábil), aplicar os fundamentos da teoria, sem se distanciar da teoria geral.

A realidade é que a amplitude da contabilidade e seus paradigmas prejudica o desenvolvimento de uma teoria geral. Por exemplo, Eric Martins (2012) propõe observar a contabilidade segregando-a em três ambientes distintos: econômico, social e patrimonial, como podemos ver na tabela a seguir.

Ambiente	Descrição
Econômico	Trata da relação com os agentes econômicos, os mercados de capitais, economia, administração e finanças.
Social	Trata da relação com o ser social. A relação entre o homem e a contabilidade, seus profissionais, educação, comportamento.
Patrimonial	Basicamente a contabilidade financeira, os modelos contábeis, mensuração, teoria normativa, gerencial, necessidades dos usuários, o impacto das transações no patrimônio, classificação dos elementos patrimoniais.

Não é possível afirmar que um ou outro autor tenha sozinho influenciado as pesquisas em contabilidade, mas as críticas feitas por Watts e Zimmerman (1979) e o crescimento da aplicação da teoria positiva da contabilidade fizeram com que houvesse um desenvolvimento teórico maior no final do século XX e início do século XXI. Teorias alternativas passaram a ser desenvolvidas em resposta à globalização da economia e transações mais complexas, incluindo reconhecimento e mensuração de intangíveis, combinações de negócios e outras, bem como o desenvolvimento dos conceitos de governança corporativa, responsabilidade social, sustentabilidade e outros afins, relacionados direta ou indiretamente com a contabilidade.

Segundo Dias Filho (2008), adicionalmente aos novos desenvolvimentos teóricos e a aplicação crescente da teoria positiva da contabilidade, a visão de que a contabilidade não é uma simples ferramenta de apoio a decisões de caráter econômico também veio contribuir para que se realizassem investigações a partir de novas abordagens teóricas.

3.6 Teoria da contabilidade financeira

A teoria da contabilidade financeira se situa dentro da contabilidade geral, mas focada no comportamento e nas necessidades das pessoas no que diz respeito à informação contábil financeira. Essa demanda vem a partir do momento em que alguém em uma entidade é requerido ou decide fornecer determinada informação financeira a terceiros, que vamos chamar genericamente de *stakeholders*.

Na contabilidade financeira, fica claro o embate entre normativismo e positivismo, em que cada um tem sua própria visão sobre o objetivo da teoria da contabilidade financeira:

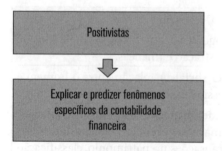
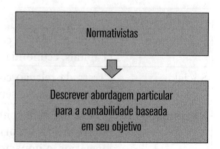

As teorias normativas não são necessariamente baseadas na observação e, portanto, não necessariamente refletem a prática contábil corrente. De uma maneira prática e simplificada, o positivismo fica no nível no *framework* e o normativismo, no nível dos pronunciamentos. Martins (2005) defende uma convivência produtiva entre o normativismo e o positivismo, na qual um complementa o outro.

Como a contabilidade é uma atividade humana, as teorias de contabilidade financeira (e são muitas!) consideram aspectos tais como o comportamento e a necessidade das pessoas em relação às informações contábeis financeiras ou a razão pela qual pessoas dentro de uma organização podem decidir fornecer uma informação particular para alguns grupos de *stakeholders*. Um dos mais antigos conceitos nessa teoria é o da função de *stewardship* sobre os relatórios financeiros, que nada mais é que informar o que é altamente informativo sobre o desempenho da empresa.

Outros objetivos comuns das teorias da contabilidade financeira são descrever e/ou determinar as práticas contábeis, ainda assim, com frequente julgamento de valor. Mas não basta descrever o que fazer. Quando se fala em teoria, devemos considerar, por exemplo, como as pessoas reagem a certos números contábeis, ou por que o contador escolheria uma prática contábil em detrimento de outra. Novamente, a contabilidade financeira é uma atividade humana.

Há diversas teorias na área da contabilidade financeira. A seguir apresentamos algumas delas:

- descrevem como os ativos devem ser avaliados;
- preveem que bônus pagos a administradores baseados em lucro levam a adoção de práticas contábeis que aumentam esse lucro;
- procuram explicar que o *background* cultural de uma pessoa impacta no tipo de informação que ela reporta para fora da organização;
- descrevem a informação contábil que deve ser descrita para uma determinada classe de *stakeholders*, de acordo com suas supostas necessidades.

3.7 Teorias alternativas da contabilidade

Dentre outras teorias, Dias Filho (2008) cita a teoria institucional, que parte da ideia de que os sistemas contábeis são produto das práticas, crenças, valores e modelos que predominam em determinada sociedade. Dias Filho cita também o aumento do uso de teorias derivadas da

Capítulo 3

sociologia em pesquisas contábeis, impulsionadas pelo fato de que o ser humano está presente em todas as relações entre empregados, empresas e Estado, e que a contabilidade ajuda a racionalizar essas relações. A seguir descrevemos algumas dessas novas teorias que se desenvolveram nesse contexto:

3.7.1 Teoria da legitimidade

Segundo Dias Filho (2007, p. 6), essa teoria

> baseia-se na ideia de que existe uma espécie de contrato social entre as organizações e a sociedade em que atuam, representando um conjunto de expectativas implícitas ou explícitas de seus membros a respeito da forma como elas devem operar.

Para se manter, a empresa precisa cumprir esse "contrato social". É o que lhe dá legitimidade perante a sociedade.

Dentro da teoria da legitimidade (TL), temos a "hipótese dos custos políticos" (HPC), em que grandes empresas atuando em setores sensíveis a questões políticas (indústria farmacêutica, florestal, petróleo, financeira, mineração, tabaco, bebidas etc.) estão sujeitas a custos políticos potencialmente elevados.

Segundo Silva e Sancovschi (2006), a TL e a HPC ajudam a explicar o aumento da evidenciação social, diante da pressão para parecer mais responsáveis nos campos social e ambiental. O que se pressupõe é que essa evidenciação, espontânea ou não, ajuda a ampliar sua legitimidade e evitar a intervenção política em suas atividades. Exemplos: ações de instituições financeiras incentivando o uso de bicicletas, suporte financeiro a fundações, preferencialmente de uma maneira tal que a associação da ação social com a instituição fique clara, desde o uso das "cores da empresa" até propagandas institucionais nas diversas mídias. Esse nível de evidenciação está diretamente relacionado com o desejo de evitar a intervenção.

Estudos de Dye (1985) e Verrecchia (1983) apontam para o fato de que a divulgação voluntária de informações ambientais sugere que as empresas têm incentivos para divulgar "boas notícias" para se destacarem daquelas que divulgam "más notícias". Isso pode até evitar a contaminação adversa por seus pares. Um bom exemplo atual é o das firmas de auditoria: toda vez que há um escândalo financeiro que a firma de auditoria não tenha identificado, independentemente se houve ou não negligência em seus trabalhos, a profissão como um todo sofre e não somente o auditor específico daquela entidade. Aí, começa um movimento das demais firmas ou dos órgãos de classe para reverter a situação, o que justifica algumas ações de comportamento estudadas nessa teoria.

Trazendo a discussão para mais próximo da contabilidade, uma entidade pode demonstrar o cumprimento do "contrato social" por meio das evidências contábeis. Silva e Sancovschi (2006) relatam que, por meio da inclusão de informações sociais nos relatórios anuais, os gestores procuram evitar a intervenção política. Além dos relatórios anuais, outros exemplos são os relatórios de sustentabilidade, relato integrado, DVA e balanço social. Em 2014, a mídia divulgou que havia indícios de que a aquisição de uma refinaria nos Estados Unidos alguns anos atrás, pela Petrobras, teria sido um mau negócio e que algumas pessoas e empresas teriam sido supostamente favorecidas pela transação. A direção da Petrobras incluiu em seguida na primeira página do seu *site* uma chamada para outra página intitulada "Conheça o histórico da aquisição de Pasadena", como forma de dar transparência e minimizar o custo político.

O problema é que nem sempre essas iniciativas são boas. Se, por um lado, há empresas preocupadas realmente em demonstrar que elas têm cumprido o seu papel na sociedade, por outro, elas têm usado as "evidenciações" como peça de marketing.

Outro exemplo comum dentro do contexto da teoria da legitimidade são as propagandas das empresas em revistas, jornais e na televisão, falando sobre suas ações sociais, sem fazer qualquer referência, por exemplo, aos resultados financeiros. Não se fala em lucro.

3.7.2 Teoria da comunicação e semiótica

A contabilidade tem sido reconhecida como um tipo de linguagem (HENDRIKSEN; BREDA, 1999). Segundo os autores, os estudos da linguagem podem considerar os seus efeitos (pragmática), seu significado (semântica) e sua lógica ou gramática (sintaxe). Esses aspectos avaliados em conjunto buscam fazer com que a informação seja mais compreensível para os seus usuários.

Nesse sentido, cresce o entendimento de que as pesquisas na área contábil podem se beneficiar de recursos fornecidos pela teoria da comunicação, incluindo mais especificamente a semiótica. A semiótica é geralmente definida como o ramo do conhecimento que se dedica ao estudo de todas as linguagens.

O que se busca pela semiótica na contabilidade é a eficiência do processo de comunicação. Como eu passo a informação? O que é visualmente mais

Capítulo 3

amigável (fazer o exercício da semiótica)? Como eu garanto que a informação é completa e interpretada de maneira consistente?

O processo comunicativo básico da teoria da comunicação considera, de um lado, um emissor e, de outro, o receptor, como podemos ver na imagem a seguir.

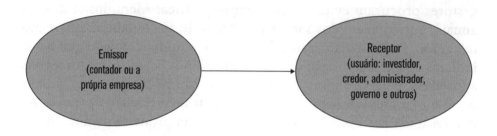

Nesse sentido, por exemplo, há estudos sobre o assunto, envolvendo aspectos das redes neurais, tratando da reação das pessoas diante de diferentes formas de apresentação da mesma mensagem.

3.7.3 Teoria crítica aplicada à contabilidade

A teoria crítica tem esse nome justamente por criticar a visão "positivista" prevalecente na ciência. Essa teoria surge praticamente a partir do filósofo Max Horkheimer nos idos da década de 1930,[7] em que ele critica a chamada teoria tradicional. Segundo Horkheimer, foi estabelecida um tipo de concepção científica que estava baseada na tentativa de emprego generalizado do método das ciências naturais, inclusive para aquela classe de fenômenos que seriam mais bem delineados se investigados com uma perspectiva mais aderente às suas características de "fenômenos tipicamente sociais.

De acordo com o referido autor, a abordagem cartesiana de ciência, embora importante, pode levar a uma "alienação" a partir da ênfase ao trabalho do especialista, pois não enfatiza a gênese social (a origem) das questões pesquisadas. Essa abordagem leva a uma separação artificial e danosa, tanto do ponto de vista cognitivo quanto para as necessárias transformações sociais. A teoria crítica de certa forma prega mudanças a partir do desafio do que há de verdade naquele momento,

---

[7] Para maiores aprofundamentos sugerimos: <ttps://monoskop.org/images/7/74/Horkheimer_Max_Critical_Theory_Selected_Essays_2002.pdf>. Acesso em: 25 set. 2017.

especialmente no que se refere a situações que mereçam ser repensadas e transformadas.

Quando aplicamos a teoria crítica à contabilidade, podemos avaliar o fato de que em diferentes momentos faz-se referência à contabilidade como uma ciência, como um sistema, técnica ou até mesmo arte. Este sim é um exemplo do distanciamento da teoria e da prática, contribuindo para um processo cognitivo (de aprendizado) por vezes limitador, no ambiente de atuação da contabilidade, por parte de todos aqueles que são interessados. Ao teorizar demasiadamente um assunto, pode-se gerar um processo de isolamento entre teoria e ciência, no contexto do mundo real (trabalho, pessoas etc.). É o que os estudiosos dessa teoria chamam de "desumanização" da teoria e da ciência.

Nesse sentido, quando se aplica a teoria crítica à contabilidade, nos deparamos com perguntas tais como: o que é a contabilidade? Para que serve a contabilidade? Como atua a contabilidade? A versão mais humanizada da contabilidade leva a definir o seu objetivo como para mediar o conflito distributivo na sociedade. Esse objetivo é alcançado a partir da produção de técnicas de análise, relatórios financeiros e outros procedimentos.

Segundo Iudícibus (2011), a sustentação e o modelo de mediação da contabilidade sempre serão orientados pela ética, pelo interesse público e pela dignidade do ser humano, confirmando que historicamente a contabilidade sempre esteve, e estará, a serviço da evolução das sociedades e da própria civilização humana.

Considerando as discussões anteriores, podemos concluir que há demanda por novas teorias, ou ao menos vertentes conceituais, em contabilidade, e o terreno é fértil para tal, especialmente quando se abre a porta para outras ciências e a influência recíproca, ou não, com a contabilidade.

Alguém pode entender que a demanda por teorias em contabilidade seja um problema ou fragilidade dessa ciência. Mas, para Dias Filho (2008), essa demanda é positiva, especialmente porque, como abstrações da realidade, as teorias podem não fornecer explicações absolutamente completas para certos comportamentos ou descrições perfeitas de alguns fenômenos. Por isso, o uso de teorias alternativas nas investigações em contabilidade não é só bem-vindo, mas necessário para a evolução de qualquer ramo do conhecimento humano.

A seguir citamos mais alguns exemplos de outras possíveis teorias usadas em pesquisas em contabilidade:

Capítulo 3

Teoria contingencial	A base dessa teoria é o fato de não haver nada absoluto e imutável nas empresas; sendo assim, há inúmeros fatores com a possibilidade de alterar a realidade das organizações.
Teoria institucional	Trabalha a legitimação de processos e estruturas e os impactos nos resultados internos a uma organização.
Teoria comportamental	Estudo do comportamento do indivíduo e sua relação com o meio ambiente, entendendo-o como agente transformador e transformado.

Breves conclusões

Durante este capítulo, demonstrou-se a dificuldade para o desenvolvimento de uma teoria geral em contabilidade, especialmente pela existência de diferentes ambientes e interesses. A esse respeito é fundamental destacar que ciências mais experimentadas, como a física, por exemplo, possuem um corpo teórico geral, todavia, o qual não foi concebido por um único pesquisador. Dessa forma, é impreterível que se destaque que uma teoria geral não implica um conjunto de postulados, princípios e axiomas, formulados de modo dedutivo e empiricamente testados, única e exclusivamente, por apenas um pesquisador, mas sim em um *mainstream* formado por diferentes trabalhos e capaz de oferecer respostas preditivas a eventos porvindouros.

Por outro lado, essas diferenças estimulam o surgimento de distintas perspectivas teóricas, as quais se assimilam mais a processos classificatórios do evento contábil.

Verificou-se também no decorrer deste capítulo que há basicamente duas correntes conceituais estabelecidas no campo da pesquisa contábil e que acabam por influenciar a forma como pesquisadores e estudiosos do tema referenciam o assunto. São elas: enfoque normativo e enfoque positivo. Basicamente, a distinção entre ambos os enfoques decorre do fato de que o normativo parte de uma abordagem lógico-dedutiva, isto é, a partir de um conjunto de enunciados encadeados por conectores lógicos, chega-se a um resultado de como as coisas no mundo real deverão funcionar. Já na vertente positiva, segue-se um fluxo inverso, primeiramente se verifica como o mundo real funciona e, a partir daí, busca-se a concepção de uma teoria, ou ao menos algum sistema, que o explique. É fundamental destacar que não há uma rivalidade entre ambos os enfoques; estudos e desenvolvimentos conceituais podem ser mais profícuos à medida que ambas as abordagens possam ser conjuntamente exploradas.

Por fim, é mister esclarecer que a busca por uma teoria transcende a necessidade de se legitimar uma determinada área do conhecimento. Encontrar uma regra geral útil à previsão de eventos permite que novos passos sejam dados rumo ao mapeamento de novos eventos, ampliando-se, assim, o escopo de uma lide de pesquisas. Do mesmo modo, a ausência de uma teoria geral não necessariamente anula a validade de um campo do conhecimento, sobretudo porque tal fato pode decorrer simplesmente da recente ascensão dessa área.

Referências

ABBAGNANO, Nicola. *Dicionário de filosofia*. São Paulo: Martins Fontes, 2007.

BALL, R.; BROWN, P. An empirical evaluation of accounting income numbers. *Journal of Accounting Research*, p. 159-178, 1968.

BEAVER, W. H. The information content of annual earnings announcements, *Journal of Accounting Research* (Supplement), v. 6, p. 67-92, 1968.

DAGOBERT, D. R. *Dicionário de filosofia*. 4. ed. Nova York: Philosophical Library, 1942.

DARITY JR, W. *International Encyclopedia of the Social Sciences*. Detroit: Macmillan Reference USA, 1991.

DIAS FILHO, J. M. Novos desenvolvimentos teóricos em contabilidade. *Revista Contabilidade – UFBA*, v. 2, n. 2, p. 2-3, 2008.

DIAS FILHO, J. M. Políticas de evidenciação contábil: um estudo do poder preditivo e explicativo da teoria da legitimidade. Disponível em: <http://www.anpad.org.br/admin/pdf/CON-A3301.pdf>. Acesso em: 26 set. 2017.

DODD, James L.; ROZYCKI, John J.; WOLK, Harry I. *Accounting theory*: conceptual issues in a political and economic environment. Thousand Oaks: Sage, 2008. v. 1.

DYE, R. A. Disclosure of non-proprietary information. *Journal of Accounting Research*, p. 123-145, Spring, 1985.

FARIAS, M. R. S.; FARIAS, K. T. R. O papel epistemológico da teoria e sua importância para o avanço da pesquisa científica em contabilidade. *Anais do Congresso de Controladoria e Contabilidade da Universidade de São Paulo*, 2010.

GLAUTIER, M. W. E.; UNDERDOWN, B. *Accounting theory and practice*. 7. ed. Harlow: Financial Times Prentice Hall, 2001.

Capítulo 3

HENDRIKSEN, E. S.; BREDA, M. F. van. *Teoria da contabilidade*. 5. ed. São Paulo: Atlas, 1999.

HOPWOOD, A. G. Whither accounting research? *The Accounting Review*, v. 82, n. 5, p. 1365-1374, 2007.

IUDÍCIBUS, S. *Teoria da contabilidade*. São Paulo: Atlas, 2009.

_____. Teoria da contabilidade: evolução e tendências. *Revista de Contabilidade do Mestrado em Ciências Contábeis da UERJ*, v. 17, n. 2, p. 5-13, 2012.

_____ et al. Uma reflexão sobre a contabilidade: caminhando por trilhas da "teoria tradicional e teoria crítica". *BASE – Revista de Administração e Contabilidade da Unisinos*, v. 8, n. 4, p. 274-285, out./dez. 2011.

_____; LOPES, A. B. *Teoria avançada da contabilidade*. São Paulo: Atlas, 2012.

_____; MARTINS, E.; CARVALHO, L. N. Contabilidade: aspectos relevantes da epopeia de sua evolução. *Revista Contabilidade & Finanças*, v. 16, n. 38, p. 7-19, 2005.

LALANDE, A. *Vocabulário técnico e crítico da filosofia*. São Paulo: Martins Fontes, 1999.

MARCONI, M. D. A.; LAKATOS, E. M. *Metodologia científica*. São Paulo: Atlas, 2000.

MARTINS, E. Editorial: normativismo e/ou positivismo em contabilidade: qual o futuro? *Revista Contabilidade & Finanças*, v. 16, n. 39, 2005.

MARTINS, E. A. *Pesquisa contábil brasileira: uma análise filosófica*. 2012. Tese (Doutorado em Ciências Contábeis). Departamento de Contabilidade e Atuária, Faculdade de Economia, Administração e Contabilidade, Universidade de São Paulo, São Paulo.

MARTINS, G. D. A.; THEÓPHILO, C. R. *Metodologia da investigação científica para ciências sociais aplicadas*. São Paulo: Atlas, 2007.

MORAES, M. B. C.; NAGANO, M. S.; MERLO, E. M. Mensuração da semiótica na codificação das demonstrações contábeis por meio de redes neurais. *IV Congresso USP*, 2004.

MOST, K. S. *Accounting theory*. 2. ed. Columbus: Grid Publishing, 1982.

NOBES, C. W. Towards a general model of the reasons for international differences in financial reporting. *Abacus*, v. 34, n. 2, p. 162-187, 1998.

RIBEIRO FILHO, J. F.; LOPES, J.; PEDERNEIRAS, M. *Estudando teoria da contabilidade*. São Paulo: Atlas, 2009.

SILVA, A. H. C.; SANCOVSCHI, M. Evidenciação social corporativa: estudo de caso da Empresa Petróleo Brasileiro S.A. *Anais do EnANPAD*, Salvador, 2006. CD-ROM.

VERRECCHIA, R. E. Discretionary disclosure. *Journal of Accounting and Economics*, v. 5, p. 179-194, 1983.

WATTS, R. L.; ZIMMERMAN, J. L. *Positive accounting theory*. Pearson, 1986.

_____; _____. The demand for and supply of accounting theories: the market for excuses. *The Accounting Review*, v. LIV, n. 2, p. 273-305, 1983.

WOLK, H. I.; TEARNEY, M. G.; DODD, J. L. *Accounting theory*: a conceptual and institutional approach. Nashville: South-Western Pub., 1997.

ZEFF, S. A. *Forging accounting principles in five countries*: a history and an analysis of trends. Arthur Andersen Lecture Series, Stipes Publishing Co., 1972.

Estudo de caso

Teoria positiva e teoria normativa

Desde a década de 1960, as pesquisas baseadas em teoria normativa começaram a ser substituídas por pesquisas positivistas. As sugestões de alternativas para tópicos contábeis e os pontos de vista de autores compreendidos em pesquisas normativas deram lugar ao uso de métodos quantitativos sofisticados encontrados em trabalhos positivos. A preocupação em prescrever práticas de contabilidade não continuou a ser maior do que a importância que a academia atribuiu à compreensão da prática corrente e à tentativa de predição de comportamentos de fenômenos contábeis. Em decorrência disso, algumas consequências podem ser observadas: (1) maior potencial de publicação de artigos positivos; (2) maior preocupação com o método (quantitativo, sobretudo) do que com o fim (contabilidade); (3) menor produção de pesquisas com novas ideias e opiniões construtivistas. Desse modo, instalou-se o dilema binomial positivo *versus* normativo na pesquisa em contabilidade. Para uma melhor análise, considere o estudo de caso a seguir e escreva as suas impressões sobre os tópicos debatidos, seus entendimentos e implicações quando do uso de uma ou outra abordagem para realizar uma pesquisa ou, até mesmo, se essas abordagens podem ser complementares e de uso concomitante.

Capítulo 3

Parte 1

Durante a disciplina de Teoria da Contabilidade em um curso de graduação, o professor estimulou os alunos a participarem do tópico sobre teoria positiva e teoria normativa. A princípio, ele separou a sala em dois grupos e pediu ao Grupo 1 que pesquisasse e apresentasse sobre as características da teoria normativa e sua aplicação na pesquisa contábil. Da mesma forma, o Grupo 2 ficaria responsável pela teoria positiva. Na Tabela 1, pode-se encontrar o resultado das investigações dos grupos.

Tabela 1 – Resultado de investigação dos Grupos 1 e 2

Grupo 1 – Teoria normativa	Grupo 2 – Teoria positiva	Campo reservado para a sua percepção
Prescrição: As pesquisas baseadas em teoria normativa procuram recomendar práticas contábeis que melhor se encaixem no entendimento e no contexto atual. Dessa maneira, a prescrição deve ser constante e revista, no esforço de alcançar a melhor representação dos eventos. Nesse sentido, o foco repousa em como a contabilidade **deveria** proceder para maximizar a utilidade informacional.	*Explicação e predição:* As pesquisas com base em teoria positiva buscam explicar a prática contábil por meio de dados empíricos. Almeja-se, da mesma forma, predizer o comportamento dos resultados dessa prática e sua dependência com outros fatores influentes. Para tanto, existe forte conotação de utilização de métodos quantitativos para essa predição e explicação. Por essa abordagem, percebe-se que o escopo reside na explicação de como a contabilidade **está** procedendo e suas consequências futuras.	

Grupo 1 – Teoria normativa	Grupo 2 – Teoria positiva	Campo reservado para a sua percepção
Subjetividade: A teoria normativa se preocupa em oferecer alternativas que direcionem a prática contábil. Ao tentar fazer isso, existe certo grau de subjetividade por parte de seu elaborador. Esses elaboradores podem ou não ser órgãos reguladores. Desse modo, possibilita o desenvolvimento de ideias criativas.	*Objetividade:* A teoria positiva se restringe a analisar os dados empíricos. Dessa forma, não há a preocupação com a visão do pesquisador. Por isso, tem-se a impressão de que a imparcialidade é mais presente nesse tipo de abordagem do que na normativa.	
Normas: A subjetividade no estabelecimento de normas contábeis acarreta objetividade para a prática. Para elucidar esse paradoxo, considere o exemplo seguinte: imagine que certo órgão regulador determine arbitrariamente que as propriedades para investimento com valor excedente a $ 100.000,00 devem ser tratadas a valor justo, ou a custo se for igual ou abaixo desse valor. Em outras palavras, a teoria normativa é subjetiva na elaboração do direcionador (estabelecimento arbitrário do valor) e objetiva quanto à prática (as empresas estão cientes de qual tratamento utilizar caso o valor desses ativos seja maior ou menor).	*Princípios:* A teoria positiva é elaborada a partir de pressupostos e princípios, mais do que de normas. O uso principiológico na elaboração de direcionadores que norteiam a prática ocasiona maior flexibilidade e reflexão do preparador da demonstração financeira sobre o tratamento contábil de um certo evento. Suponha que os preparadores das demonstrações tenham a faculdade de escolher entre custo ou valor justo para mensurar as propriedades para investimento da entidade, sem a fixação de um valor específico. Nesse exemplo, a contabilidade baseada em princípios dá margem para reflexão de qual tratamento usar, a fim de que melhor represente o patrimônio empresarial.	

Capítulo 3

Parte 2

Além das características apresentadas pelos grupos, o professor julgou interessante que os alunos soubessem sobre o mundo da publicação científica e, para isso, chamou a atenção para o tópico dicotômico que ele denominou "método *versus* finalidade", em que explicou que atualmente estudos que se utilizam de métodos estatísticos (basicamente pesquisas positivas) têm maior poder de aprovação de publicação em periódicos científicos e, por isso, o método, muitas vezes, passou a ser mais enfatizado em detrimento da finalidade. Em virtude da aceitação de publicação de artigos positivos, pesquisadores e estudiosos optam por essa abordagem em vez de partir de um problema de pesquisa que não obrigatoriamente precise do uso de métodos quantitativos. De outro lado, a publicação, em termos de quantidade mais do que de qualidade, é fundamental para a carreira acadêmica, especialmente para professores vinculados a um programa de pós-graduação *stricto sensu*. Sendo assim, o professor pergunta à sala:

a) "Qual a sua percepção sobre este tipo de escolha?"
b) "O poder de aprovação deve ser fator único a ser considerado ao se desenvolver uma pesquisa?" Justifique suas respostas.

Parte 3

Em seguida, o professor deu três exemplos de trabalhos[8] sobre teoria positiva e teoria normativa para os alunos identificarem qual abordagem é utilizada com suas respectivas justificativas.

1ª) Um estudo propõe uma nova forma de mensuração de ativos por meio dos valores futuros, sendo uma alternativa ao custo histórico, custo corrente e valor justo. Para testar essa proposta, um determinado grupo de empresas foi selecionado aleatoriamente da população com o objetivo de investigar a correlação entre o novo método de mensuração de ativos e o valor da empresa.

2ª) Uma tese de doutorado pretendeu elaborar um método de mensuração de ativos intangíveis. Para tanto, o autor analisou a literatura existente sobre o tema e, com base na sua experiência e na observação da prática atual, formulou um modelo que pudesse atribuir valor a qualquer ativo intangível.

---

8 Os exemplos de trabalhos são fictícios.

3ª) *Um artigo buscou verificar os fatores que condicionam as empresas a adotarem voluntariamente as International Financial Reporting Standards (IFRS). Para isso, o autor se utilizou de métodos estatísticos (regressão logística) para observar quais e como os fatores impactam na adoção voluntária das normas.*

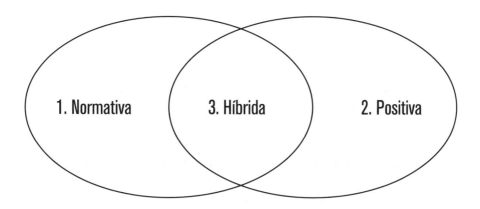

Figura 1 – Classificar em abordagem normativa, positiva e híbrida.

Características:

(1) Utilização estrita da visão subjetiva do autor/pesquisador.
(2) Baseada puramente em princípios.
(2) Uso de métodos quantitativos (1 e 3 aceitáveis, justificando os fins).
(2) Análise puramente restrita aos dados.
(3) Descrição, prescrição, explicação e predição.
(2) Explicação e predição (3 aceitável, justificando o uso de características positivas).
(3) Baseada normativo-positivamente.
(1) Prescrição (3 aceitável, justificando o uso de características prescritivas).
(1) Baseada estritamente em normatização.
(2) Potencial de publicação na atualidade.

Com base no estudo de caso e na leitura do capítulo, responda:

1. Qual a importância da pesquisa normativa para o atual contexto da contabilidade? Justifique.

Capítulo 3

2. O dilema positivo *versus* normativo em pesquisa contábil deveria existir? Há espaço para ambos os tipos de pesquisa?

3. Identifique os pontos principais do capítulo e os relacione com o seu aprendizado.

Questões de múltipla escolha

1. O texto apresenta diversas definições de teoria e, conforme exposto neste capítulo, é possível depreender que:

   a) De maneira geral, a teoria refere-se a uma definição abrangente aplicada ao estudo das ciências sociais e baseada em fatos.

   b) Refere-se a um conjunto de proposições relacionadas entre si e capazes de explicar por que e como um fenômeno ocorre.

   c) Consiste em um conjunto de princípios elaborados por equipe multidisciplinar capaz de prever e explicar eventos estudados em qualquer área do conhecimento.

   d) Não necessita ser submetida à prova.

   e) São generalizações bem desenvolvidas utilizadas somente para testar dados, resolver problemas e estabelecer relação entre as variáveis do estudo.

2. De acordo com Hendriksen e Breda (1999), a teoria da contabilidade apresenta um conjunto coerente de princípios lógicos que formam um quadro geral de referência, oferecendo melhor compreensão da prática existente, referencial conceitual para avaliação das práticas contábeis existentes e orientação para o desenvolvimento de novos procedimentos e práticas. Diante do exposto, assinale a alternativa INCORRETA referente à teoria da contabilidade:

   a) Pode ser considerada uma referência conceitual com o objetivo de orientar os profissionais de contabilidade no desempenho da prática contábil.

   b) Está associada à compreensão dos fenômenos sociais, econômicos e ao desenvolvimento da percepção crítica com o objetivo de debate e entendimento a fim de propiciar a transformação da sociedade.

   c) Oferece subsídios somente para contadores, investidores, administradores e estudantes.

   d) Possui características de explicação e predição, provendo condições para diversos usuários interpretarem a contabilidade além dos métodos.

   e) Apresenta diversos enfoques, como fiscal, legal, ético e econômico.

3. Com base no enfoque positivo e normativo da pesquisa em contabilidade, assinale a alternativa INCORRETA:

   a) A pesquisa positiva em contabilidade ampliou-se por volta da década de 1980 e se preocupa em explicar e prever o comportamento de variáveis, ressaltando sua capacidade de prover razões para a prática contábil observada.

O que é teoria da contabilidade?

b) A economia já utilizava a terminologia de teoria positiva; desta forma, os autores Watts e Zimmerman (1986) mantiveram o termo, tornando-se teoria positiva em contabilidade.

c) A pesquisa normativa prevaleceu por muitos anos fundamentando-se em conceitos, modelos e doutrinas.

d) A teoria normativa se preocupa em prescrever soluções com base nos procedimentos e regulação, engloba as pesquisas essencialmente prescritivas, com o objetivo de indicar como deveria ser a prática contábil, e requer a aplicação de testes empíricos que validem a proximidade conceitual de normas e práticas contábeis com os conceitos econômicos.

e) A junção entre a teoria positiva e a teoria normativa na área contábil poderia existir gerando conhecimento cientifico e incorporando a explicação, predição e prescrição da prática contábil com o objetivo de prestar informações confiáveis a seus usuários para a tomada de decisões.

4. Considerando que o conhecimento contábil sofre impacto de "eventos multidisciplinares", por exemplo, a Revolução Industrial, as Guerras Mundiais e, mais recentemente, o avanço tecnológico, assinale a alternativa INCORRETA:

a) Não é de se estranhar que as pesquisas na área contábil, por vezes, tenham características multidisciplinares, já que se desenvolvem a partir de eventos diversos.

b) Os eventos trazem consigo novas oportunidades de pesquisa, ainda que estas não sejam a sua finalidade.

c) As pesquisas contábeis não deveriam focar o estudo de tais tipos de eventos, dado que a relevância da contabilidade reside na própria contabilidade.

d) Apesar de os eventos serem multidisciplinares, é possível trazê-los para dentro da discussão do campo contábil a fim de expandir o conhecimento da área.

e) A análise desses eventos é fundamental para entender a relação da contabilidade com outras áreas do conhecimento.

5. Conforme Hendriksen e Breda (1999), o objetivo da contabilidade tem mudado ao longo do tempo, o qual, atualmente, é o de fornecer informações para a tomada de decisão, encorajando análises sob perspectivas predominantemente positivas. Com base nisso, pode-se inferir que:

a) o caráter não estático do objetivo da contabilidade influencia, em grande parte, a forma e o conteúdo das pesquisas contábeis ao longo do tempo, afetando, também, a sua demanda.

b) o espaço para pesquisas e teorias normativas diminui à medida que o objetivo da contabilidade sofre mudanças.

c) a academia não segue o objetivo da contabilidade para produzir conhecimento, já que esse objetivo sofre mudanças constantes, sendo, portanto, de difícil acompanhamento.

Capítulo 3

d) a produção de pesquisas contábeis positivas independe do objetivo da contabilidade e suas eventuais modificações, visto que sempre foram valorizadas no meio acadêmico.

e) as mudanças do objetivo da contabilidade, ao longo do tempo, desmotivaram a produção de estudos de teor normativo, os quais não possuem a mesma relevância que as pesquisas positivas.

6. Com base na leitura do capítulo, qual é o principal ponto impeditivo para o desenvolvimento de uma teoria geral da contabilidade?

a) A falta de uma justaposição entre a contabilidade financeira, contabilidade gerencial, auditoria, controladoria e outras subáreas da contabilidade.

b) A amplitude da contabilidade e a existência de uma diversidade de interesses em torno da informação contábil advinda dos contextos cultural, econômico, social, ou outros.

c) O foco das pesquisas contábeis sempre esteve voltado à contabilidade financeira, tornando difícil o processo de inclusão de outros temas dentro de uma teoria unificada.

d) O desinteresse por parte da academia, tendo em vista os poucos esforços dedicados ao desenvolvimento de teorias.

e) A distinção entre teoria normativa e positiva situada no contexto da contabilidade concorre para a inexistência de uma teoria contábil única.

7. Embora possa prejudicar o desenvolvimento de uma teoria geral da contabilidade, a segregação da contabilidade em subáreas:

a) aumenta, necessária e exponencialmente, a qualidade da pesquisa contábil.

b) contribui mais para as pesquisas baseadas em teorias e literaturas normativas.

c) reduz a importância de uma perspectiva geral acerca do contexto da contabilidade.

d) permite a observância e a análise dos fenômenos contábeis com maior detalhamento.

e) não afeta os interesses da academia e a forma de fazer pesquisa em contabilidade.

8. A teoria institucional possui três enfoques e que podem ser observados na literatura contábil: (i) nova sociologia institucional (NIS – *New Institutional Sociology*); (ii) nova economia institucional (NIE – *New Institutional Economics*); e (iii) velha economia institucional (OIE – *Old Institutional Economics*). Sobre esses três enfoques, marque o item INCORRETO.

a) A NIS versa que o ambiente institucional influencia o relacionamento das organizações com o mercado, suas crenças, normas e tradições.

b) A OIE versa sobre o isomorfismo institucional que pode ser caracterizado em normativo, coercitivo e mimético.

c) A teoria de custos de transação está inserida na NIE e traz o conceito de racionalidade limitada dos agentes.

O que é teoria da contabilidade?

d) Para a OIE, em vez de priorizar o comportamento racional e maximizador dos indivíduos que tomam decisões, a instituição passa a ser o principal objeto de análise.

e) A legitimidade, ou mesmo a teoria da legitimidade, é considerada um aspecto da teoria institucional.

9. A teoria contingencial, ou das contingências, versa que não há estrutura organizacional única que seja altamente efetiva para todas as organizações. Dentre as características dessa teoria, marque o item CORRETO.

a) O sistema mecânico é caracterizado por cargos amplamente definidos, poucas regras, informalidade, ambiguidade etc.

b) O sistema orgânico é caracterizado por impessoalidade, hierarquia, sistemas objetivos de recompensa etc.

c) Dois dos principais fatores contingenciais são o tamanho e a tecnologia.

d) São fatores contingenciais a estrutura de capital, burocracia, estratégia e câmbio.

e) Todos os itens anteriores estão corretos.

10. A teoria comportamental na contabilidade, também conhecida como *behavioral accounting* (contabilidade comportamental), é uma vertente que se utiliza da psicologia para explicar fenômenos da contabilidade. Uma das temáticas estudadas em *behavioral accounting* são as heurísticas e vieses. Sobre esse assunto, marque o item INCORRETO.

a) A heurística da disponibilidade se refere à frequência com os quais avaliamos as chances de ocorrência de um evento pela facilidade com que se consegue lembrar das ocorrências de outros eventos.

b) A heurística da ancoragem e ajustamento se refere àquela em que se avalia a chance de ocorrência de um evento pela colocação de uma base (âncora) e se faz então um ajuste.

c) A heurística da representatividade se refere ao julgamento por estereótipo.

d) Um dos vieses da heurística da representatividade é a capacidade de recuperação na qual os indivíduos são enviesados em suas avaliações da frequência de eventos, dependendo de como suas estruturas de memória afetam o processo de busca.

e) Um dos vieses da heurística da ancoragem e ajustamento é o excesso de confiança no qual os indivíduos tendem a ser excessivamente confiantes quanto à infalibilidade de seus julgamentos ao responderem a perguntas de dificuldade variando de moderada a extrema.

Capítulo 3

Questões para reflexão

- Definições de teoria
  - O que é uma teoria?
  - O que é uma teoria contábil?
  - Para que serve, ou deveria servir, uma teoria contábil?

- O dilema positivo/normativo
  - Qual a principal diferença de uma teoria explicativa/descritiva (positiva) e uma teoria normativa?
  - Qual a relação e diferenças entre positivismo e teoria positiva?
  - Quais são os principais objetivos das teorias contábeis explicativas/descritivas (positivas)?
  - Quais são os principais objetivos das teorias contábeis normativas?
  - Qual a relação entre esses tipos de teoria? Qual delas é *a priori* dos fatos e qual é *a posteriori*?

- A pesquisa contábil
  - Como tem evoluído o conhecimento contábil à luz do desenvolvimento econômico da humanidade? Mais com base nas teorias positivas? Ou mais com base nas normativas?
  - A pesquisa contábil deve ser somente, ou substancialmente, positiva?
  - A pesquisa contábil deve ser somente, ou substancialmente, normativa?
  - Há como unir os aspectos positivos e normativos?
  - Como podem as teorias positivas auxiliar na geração de novas teorias normativas? Pode-se almejar gerar um círculo virtuoso positivo/normativo?
  - A academia contábil deve somente se ater a gerar descrições e/ou explicações dos efeitos da contabilidade no mundo? Ou a academia contábil deve também auxiliar na indicação dos caminhos de como a contabilidade deve ser feita?
  - Há como eliminar o julgamento de valor (subjetivismo) nas teorias normativas? E nas positivas?
  - Há como gerar teorias (positivas e normativas) que sirvam para a melhoria da prática?

- Teoria da contabilidade
  - Considerando que a contabilidade possui aspectos técnicos, impactos econômicos e influência na organização social, é possível uma ampla teoria geral da contabilidade?
  - Quais são as condições para uma teoria geral da contabilidade?
  - Podem existir diversas teorias da contabilidade, cada uma voltada a aspectos diferentes?
  - Explicações dos comportamentos das variáveis econômicas se baseiam em teorias?
  - A contabilidade financeira possui uma teoria independente de uma eventual teoria geral?

- Teoria da contabilidade financeira
  - Foco exclusivo da disciplina
  - Qual o seu principal objetivo?
  - Temos os FUNDAMENTOS de que precisamos?
  - Que contribuição a economia pode dar, num primeiro momento, para aprofundar o conhecimento sobre os FUNDAMENTOS contábeis?

Referências adicionais para aprofundamento[9]

BARTH, M. E. et al. The relevance of the value relevance literature for financial accounting standard setting: another view. *Journal of Accounting and Economics*, v. 31, n. 1-3, p. 77-104, 2001.

DIAS FILHO, J. M. Novos desenvolvimentos teóricos em contabilidade. *Revista Contabilidade – UFBA*, v. 2, n. 2, p. 2-3, 2008.

DUINDAM, S.; VERSTEGEN, B. Theory for accounting or accounting theory: an essay on the interaction between economics and accounting. *European Journal of Law and Economics*, v. 10, p. 125-138, 2000.

FARIAS, M. R. S.; FARIAS, K. T. R. O papel epistemológico da teoria e sua importância para o avanço da pesquisa científica em contabilidade. *Anais do Congresso de Controladoria e Contabilidade da Universidade de São Paulo*, 2010.

---

9 Uma dica para o entendimento do conceito de teoria é a busca dos verbetes "teoria", "teoria positiva" e "teoria normativa" em dicionários de filosofia diversos e livros de teoria do conhecimento. O entendimento da diferença entre o que é teoria e o que é uma teoria dentro do conceito científico tradicional positivista é fundamental para esse tema.

FREZATTI, F. et al. Desenvolvimento da pesquisa em contabilidade gerencial: as restrições da abordagem monoparadigmática de Zimmerman. *Revista Contabilidade & Finanças*, v. 20, n. 49, p. 6-24, 2009.

GIOIA, D. A.; PITRE, E. Multiparadigm perspectives on theory building. *The Academy of Management Review*, v. 15, n. 4, p. 584-602, 1990.

GLAUTIER, M. W. E.; UNDERDOWN, B. *Accounting theory and practice.* 7th ed. Harlow: Prentice Hall, 2001.

HENDRIKSEN, E. S.; BREDA, M. F. van. *Teoria da contabilidade.* 5. ed. São Paulo: Atlas, 1999.

HOLTHAUSEN, R. W.; WATTS, R. L. The relevance of the value relevance literature for financial accounting standard setting. *Journal of Accounting & Economics*, n. 31, p. 3-75, 2001.

IUDÍCIBUS, S. Teoria da contabilidade: evolução e tendências. *Revista ANEFAC*, n. 157, p. 36-44, 2012.

_____ et al. Uma reflexão sobre a contabilidade: caminhando por trilhas da "teoria tradicional e teoria crítica". *BASE – Revista de Administração e Contabilidade da Unisinos*, v. 8, n. 4, p. 274-285, 2011.

KABIR, M. H. Positive accounting theory and science. *Journal of CENTRUM Cathedra*, v. 3, n. 2, September 2010, 2011.

KAPLAN, R. S. The role for empirical research in management accounting. *Accounting, Organizations and Society*, v. 11, n. 4/5, p. 429-452, 1986.

LOPES, A. B. et al. Sobre a necessidade de se estudar contabilidade e (e não ou) finanças. *Revista Contabilidade & Finanças*, v. 19, n. 47, p. 1-5, 2008.

MANICAS, P. Accounting as a human science. *Accounting, Organizations and Society*, v. 18, n. 2-3, p. 147-161, April 1993.

MARTINS, E. Normativismo e/ou positivismo em contabilidade: qual o futuro? *Revista Contabilidade & Finanças*, n. 39, p. 3-6, 2005.

MARTINS, Eric Aversari. *Pesquisa contábil brasileira*: uma análise filosófica. 2012. Tese (Doutorado em Ciências Contábeis). Departamento de Contabilidade e Atuária, Faculdade de Economia, Administração e Contabilidade, Universidade de São Paulo, São Paulo.

MOST, K. S. *Accounting theory.* Columbus: Grid Publishing, 1977.

NASCIMENTO, A. R. D. et al. Pesquisa acadêmica em contabilidade gerencial no Brasil: análise e reflexões sobre teorias, metodologias e paradigmas. *Revista de Administração Contemporânea*, v. 14, n. 6, p. 1113-1133, 2010.

WATTS, R. L.; ZIMMERMAN, J. L. *Positive accounting theory*. Upper Saddle River: Prentice Hall, 1986.

_____; _____. Positive accounting theory: a ten year perspective. *The Accounting Review*, v. 65, n. 1, p. 131-156, January 1990.

_____; _____. The demand for and supply of accounting theories: the market for excuses. *The Accounting Review*, v. LIV, n. 2, p. 273-305, 1979.

WOLK, H. I. et al. *Accounting theory*: conceptual issues in a political and economic environment. 7th ed. Los Angeles: Sage, 2008.

4

Teoria da contabilidade financeira e estruturas conceituais

CAIO PONARA RUSSO
EDUARDO FLORES
ELISE SOERGER ZARO
FERNANDO LIMA TRAMBACOS
FLÁVIA FONTE DE SOUZA MACIEL

Capítulo 4

4.1 Introdução

A edição dos Capítulos 1 e 3 de uma estrutura conceitual conjunta pelo International Accounting Standards Board (IASB) e pelo Financial Accounting Standards Board (FASB) em 2010 é um marco na contabilidade contemporânea, refletindo uma consolidação de abordagem no que diz respeito à estruturação das normas contábeis e um esforço internacional pela harmonização das práticas contábeis. Muito se discute, contudo, sobre o futuro dessa cooperação internacional, que envolve a complementação e permanente revisão da própria estrutura conceitual em vigor.

Partindo das considerações trazidas pelos capítulos anteriores, que se dedicaram a debater a definição, a utilidade e o objeto da contabilidade e da teoria da contabilidade, o objetivo deste capítulo é se debruçar sobre o estudo das estruturas conceituais. Sem qualquer ambição de exaurir o tema e analisar tecnicamente cada disposição da estrutura conceitual em vigor, este capítulo traz um breve resumo da evolução histórica que culminou com a elaboração de estruturas conceituais, passando pela discussão sobre princípios contábeis e debatendo as inter-relações e embates entre as estruturas conceituais e a teoria da contabilidade.

4.1.1 Teoria da contabilidade e estruturas conceituais

As estruturas conceituais, assim como os princípios contábeis, são derivações da teoria da contabilidade, mas com esta não se confundem. Conforme discutido no Capítulo 3, diversos são os autores que se dedicaram a definir o que é teoria da contabilidade, predominando nessa área hoje uma inspiração nas premissas de metodologia científica que norteiam a teoria econômica neoclássica.

Mattessich (1972), por exemplo, compara a discussão sobre a teoria da contabilidade sob um enfoque tradicional (abordagem frouxa ou particularizada) e um moderno (abordagem rigorosa e generalizada). O primeiro enfoque, na sua visão, frequentemente falhou ao fornecer sistemas de informações gerenciais satisfatórios, propósito primordial da contabilidade no seu entendimento.

Para Mattessich (1972), uma vez que a contabilidade é uma ciência eminentemente empírica, uma teoria geral da contabilidade deve ser criada de maneira recursiva, tomando como base experiências passadas e necessidades de informação presentes. Seria possível, desse modo, converter regras pautadas na prática em hipóteses bem fundamentadas e orientadas a objetivos.

Most (1977), por sua vez, propõe que uma teoria é a descrição sistemática de regras ou princípios subjacentes a determinado fenômeno, permitindo a organização de ideias, a explicação de fenômenos e a previsão de comportamentos futuros. A teoria da contabilidade seria, portanto, para esse autor um braço da contabilidade que se dedica à descrição sistemática de princípios e metodologia, distinta da prática.

Por fim, Watts e Zimmerman (1986) propõem, de maneira similar, que o objetivo da teoria da contabilidade é explicar e prever práticas contábeis. Propõe-se, desse modo, que a teoria deve fornecer ao pesquisador um método que lhe permita atrelar uma causalidade a uma variável específica de interesse, por meio da utilização de dados e testes empíricos. Supera-se, assim, a visão anterior de que a função primordial da teoria da contabilidade seria fazer prescrições para a prática contábil.

As estruturas conceituais, por outro lado, são uma abordagem particular, originada a partir de um longo processo histórico, em diálogo permanente com a teoria da contabilidade, mas com o objetivo específico de definir as diretrizes que orientarão a elaboração de todas as demais normas contábeis em um determinado sistema. Tais normas contábeis podem ser de tipos e hierarquias diferentes, tais como regras, convenções e interpretações, cabendo à estrutura conceitual garantir que estas sejam elaboradas com base em conceitos consistentes.

4.2 Princípios contábeis

Nesta seção será explorado o contexto no qual foi cunhada a expressão **princípios contábeis**, bem como a extensão desse raciocínio e sua relevância tanto para formulação de normativos contábeis, como também para o emprego prático destes.

4.2.1 A origem dos princípios contábeis

Por se tratar de uma ciência intrinsecamente ligada à prática, a contabilidade se desenvolveu de maneira muito próxima à evolução e às necessidades de seus usuários. Most (1977), nesse sentido, mostra que, apesar de até recentemente a literatura em contabilidade consistir basicamente no *Summa de arithmetica,* de Luca Pacioli, a evolução mais recente do mercado impeliu a também evolução da área.

Com a Revolução Industrial, por exemplo, observou-se um crescimento das firmas e de seus requisitos de capital, aumentando a complexidade dos

Capítulo 4

negócios e gerando a necessidade de demonstrativos contábeis mais estruturados para gestores e financiadores. Já no fim do século XIX, diversas outras questões trouxeram à tona a necessidade de uma melhor normatização dos resultados e do cálculo da depreciação, principalmente em indústrias intensivas em capital, como as estradas de ferro. Nesse mesmo período, a profissão contábil se tornou gradativamente mais organizada, principalmente no mundo anglo-saxão, com a criação de organizações que passaram a editar pronunciamentos técnicos e definir regras de conduta.

Most (1977) também destaca, porém, que até o início do século XX os principais autores da área contábil estavam fundamentalmente preocupados em descrever as práticas observadas e em fornecer regras pedagógicas para classificá-las. Salvo exceções pontuais, porém, tais autores não se preocuparam em tentar entender profundamente as razões pelas quais determinada prática era seguida e estruturar um conjunto de princípios para explicar a prática contábil em geral.

Como salientam Hendriksen e Van Breda (2010), os trabalhos teóricos desse período tendiam a se pautar na visão de que a natureza da contabilidade, o seu papel e os seus efeitos sobre os preços das ações eram evidentes por si sós. Desse modo, fazer prescrições pressuporia apenas assumir um objetivo para a contabilidade e aplicar a lógica. Apesar disso, contudo, o início do século XX observou um grande crescimento do conhecimento contábil, com a emergência de autores que contribuíram de maneira significativa para a contabilidade moderna.

No início de 1936, por exemplo, a American Accounting Association (AAA), sob a liderança de William Paton, publicou uma série de monografias que, pela primeira vez, abordavam os princípios contábeis. No mesmo período, Ananias C. Littleton adotou uma abordagem fortemente indutiva, derivando princípios contábeis a partir da observação de boas práticas contábeis.

Após um período de relativa estagnação, a busca por princípios contábeis amplos renovou-se após a Segunda Guerra Mundial, sob a liderança da AAA. Em 1959, Maurice Moonitz foi encarregado de formalizar os postulados básicos da contabilidade, culminando na elaboração dos *Accounting Research Study* nº 1 (ARS 1), em 1961, e nº 3 (ARS 3), em 1962. Após a publicação, esses documentos foram rejeitados, por serem considerados muito radicais, sendo Paul Grady encarregado de produzir um novo documento, o ARS 7. Embora o novo documento tenha recebido melhor aceitação pela comunidade contábil, ele foi também criticado por não ter conduzido à explicitação de princípios amplos de contabilidade.

4.2.2 Definição de princípios contábeis

Apesar da etimologia comum (do latim *principe*, primeiro), o termo **princípio** é utilizado com significados bastante distintos nas diferentes áreas do conhecimento. De fato, mesmo dentro da contabilidade ainda não existe consenso quanto ao que constitui um princípio ou como princípios se relacionam com outros tipos de normas. A questão que surge nesse contexto é, então, o que seriam os princípios contábeis geralmente aceitos (*Generally Accepted Accounting Principles* – GAAP).

Dentre os diversos significados gerais de princípios, pode-se citar, por exemplo, a definição de que seriam verdades fundamentais (*Dicionário Webster*); leis, regras ou teorias sobre as quais algo se baseia (*Dicionário Oxford*); ou até mesmo conhecimentos básicos (HENDRIKSEN; VAN BREDA, 2010).

Passando para o contexto da contabilidade, Paton (1924) propõe que os princípios contábeis envolveriam um acordo quanto a uma base de considerações fundamentais, com o objetivo de eliminar as variações aleatórias de procedimentos resultantes das ideias de diferentes gestores. Como salientam Hendriksen e Van Breda (2010), tal abordagem foi vista como um reflexo da desconfiança de acadêmicos da área em relação aos julgamentos subjetivos dos gestores e como uma tentativa de impor um sistema uniforme à contabilidade.

Colocações como a de Paton (1924) ilustram uma abordagem mais pragmática de princípios, em oposição a uma visão semântica de que os princípios existiriam por si sós, mesmo de forma não escrita. Seguindo uma abordagem mais pragmática, portanto, pode-se dizer que a expressão GAAP faz referência a um conjunto de normas que foram sancionadas como válidas por um dado sistema normativo, mediante observância do procedimento estipulado para tal.

4.2.3 Postulados contábeis

Paralelamente à discussão relativa aos princípios contábeis, apresenta-se também o debate quanto à estrutura das normas contábeis e ao significado dos postulados contábeis. Segundo Iudícibus (2000), "os postulados são premissas ou constatações básicas, não sujeitas a verificação, que formam o arcabouço sobre o qual repousa o desenvolvimento subsequente da teoria da contabilidade".

De maneira semelhante, os postulados incluídos no ARS 1 eram vistos como premissas básicas ou proposições fundamentais concernentes aos

Capítulo 4

ambientes econômico, político e sociológico nos quais a contabilidade deve operar. Nesse sentido, Hendriksen e Van Breda (2010) destacam a seguinte colocação do American Institute of Certified Public Accountants (AICPA):

> Postulados são pouco numerosos e representam as premissas básicas nas quais se apoiam os princípios. Decorrem necessariamente do ambiente econômico e político e dos modos de raciocínio e dos costumes de todos os segmentos da comunidade dos negócios. Os profissionais, entretanto, devem deixar claros seu entendimento e sua interpretação do que são, para que haja uma base apropriada para a formulação de princípios e o desenvolvimento de regras ou outras normas visando a aplicação de princípios em situações específicas.

A partir das colocações anteriores, Hendriksen e Van Breda (2010) propõem a reflexão de que, uma vez que se considere que os princípios de contabilidade não passam de regras, ainda que com características próprias, seria, então, possível deduzi-los a partir de premissas fundamentais: os postulados. Nesse mesmo sentido, Iudícibus (2000) propõe que a hierarquia dos postulados é superior à dos princípios, assim como é mais alta a destes em relação às convenções, as quais têm por objeto delimitar os princípios. Ressalta o autor, porém, que nem sempre é fácil diferenciar rigorosamente tais categorias.

Ainda na visão de Iudícibus (2000), dois seriam os postulados fundamentais para a contabilidade: o postulado da entidade contábil e o postulado da continuidade. Ainda que frequentemente tratados como princípios em obras de teoria da contabilidade, Iudícibus (2000) propõe que, na verdade, tais postulados são precondições, imperativos, que desencadeiam todos os demais princípios contábeis.

4.2.4 Críticas à abordagem por princípios

Hendriksen e Van Breda (2010) destacam que os ataques ao enfoque de postulados/princípios começaram a surgir a partir de diversas direções, mas principalmente com base na discussão a respeito dos objetivos da contabilidade. Sendo a contabilidade uma área do conhecimento pragmática, a definição de princípios e regras gerais seria possível apenas após o atingimento de certo consenso sobre os seus objetivos.

A primeira dificuldade, nesse sentido, foi a definição de um grupo principal de usuários das demonstrações financeiras, uma vez que há claramente muitas categorias de usuários: investidores de dívida e capital, gestores, sindicatos, reguladores e governos. Uma segunda fonte de dificuldades, como salientado por Scott (2012), diz respeito à natureza das decisões a serem tomadas por esses usuários. Apenas após compreender tais características seria possível aos contadores atendê-las de maneira adequada, customizando as demonstrações financeiras às necessidades dos seus usuários específicos.

A definição da informação relevante, portanto, é específica por decisão, assim como por usuário, uma vez que usuários diferentes podem reagir de maneira distinta mesmo perante as mesmas informações e tomando decisões similares. Nesse sentido, Scott (2012) sustenta que, diante da impossibilidade de se preparar demonstrações financeiras corretas sob a perspectiva teórica, pode-se buscar, ao menos, tentar tornar a informação contábil mais útil, ajudando a prever retornos de futuros investimentos, ainda que de maneira indireta.

4.3 Estruturas conceituais

Nesta seção nos aprofundaremos no tópico "estruturas conceituais" visando demonstrar a evolução desse conceito, assim como demonstrar que as estruturas conceituais são "bússolas", balizadores para elaboradores de normas contábeis,[1] não devendo ser confundidos com a teoria em si, mas, como um conjunto de conceitos que se vale de elementos teóricos para alcançar os fins propostos.

4.3.1 Evolução histórica das estruturas conceituais

4.3.1.1 ASOBAT

Um dos primeiros críticos da abordagem de princípios contábeis foi Vatter (1963), o qual argumentou que, antes que se pudesse discutir qualquer tema em contabilidade, era preciso fixar a sua meta ou finalidade. Considerou, portanto, que as pedras fundamentais na construção de uma teoria da contabilidade são os objetivos da área, não os seus postulados – estes seriam desnecessários em uma teoria perfeita. Na sua visão, os princípios seriam os meios pelos quais os objetivos poderiam ser atingidos, ficando subordinados a "convenções" e "doutrinas".

As críticas de Vatter (1963) deram origem a um movimento que culminou com a promulgação do documento da American Accounting Association, em 1966, intitulado *A Statement of Basic Accounting Theory* (ASOBAT).

---

[1] *Accounting Standard Setters.*

Capítulo 4

Tal documento começa justamente com uma definição de contabilidade e seus objetivos, estipulando que a contabilidade é "o processo de identificação, mensuração e comunicação de informação econômica para permitir a realização de julgamentos e decisões pelos usuários da informação". O ASOBAT, desse modo, tornou-se o primeiro pronunciamento contábil a apresentar uma orientação para o usuário.

4.3.1.1.1 Pronunciamento nº 4 do APB

Reconhecendo as falhas das abordagens anteriores para o estabelecimento de uma teoria contábil, em 1958, o AICPA promoveu a criação de um novo órgão com o objetivo de enumerar e descrever os conceitos básicos e os princípios de contabilidade, assim como definir termos e expressões usados em contabilidade e os princípios contábeis geralmente aceitos. Nesse sentido, foi criado o *Accounting Principles Board* (APB), o qual reuniu acadêmicos qualificados com o objetivo de examinar de maneira contínua as premissas contábeis e desenvolver pronunciamentos para guiar a indústria e a profissão.

Em 1970, o APB publicou o seu Pronunciamento nº 4 – *Basic Concepts and Accounting Principles Underlying Financial Statements* (APB 4). O pronunciamento reproduziu a orientação para o usuário já adotada pelo ASOBAT, afirmando que o objetivo da contabilidade é fornecer informações financeiras "úteis para a tomada de decisões econômicas". Em seguida, o pronunciamento afirma que, para que esse objetivo seja atingido, diversos objetivos qualitativos devem ser alcançados.

O APB 4 teve intenções tanto de desenvolvimento (proposições gerais sobre o ambiente, objetivos e características gerais da contabilidade financeira) quanto educacionais (descrição das práticas contábeis geralmente aceitas). Apesar disso, o documento foi criticado por ser principalmente descritivo e não normativo, além de não fazer uma relação clara entre os objetivos, os elementos básicos da contabilidade financeira e os princípios gerais e detalhados.

4.3.1.2 Estruturas conceituais FASB/IASB

Pouco depois da elaboração do APB 4, o APB foi dissolvido para dar lugar ao FASB, em 1973, o qual seria responsável pela fixação de padrões contábeis. Como ressalta Most (1977), a criação desse órgão se deu no contexto da formação de dois grupos de estudo pelo AICPA, em 1971: (i) *The Study Group on the Objectives of Financial Statements*, encabeçado por Robert M. Trueblood, razão pela qual passou a ser conhecido como

Trueblood Committee (Comissão Trueblood); e (ii) *The Study Group on the Establishment of Accounting Principles*, liderado por Francis M. Wheat, passando a ser chamado de *Wheat Committee* (Comissão Wheat).

A Comissão Trueblood orientou seu trabalho a partir da busca de respostas a quatro questões fundamentais: (i) quem precisa de informação contábil; (ii) quanta informação é necessária; (iii) quanto da informação necessária pode ser fornecida pelos contadores; e (iv) qual estrutura é necessária para fornecer a informação necessária. Ao fim do seu trabalho, a comissão gerou um relatório com doze objetivos, sendo o principal deles "fornecer informação útil para a tomada de decisões econômicas", acompanhados de nove recomendações imperativas e sete características qualitativas das informações contábeis.

Paralelamente, o relatório da Comissão Wheat trouxe em conclusão a ideia de que os princípios contábeis têm provado ser um termo extraordinariamente fugidio. Para o não contador (bem como para muitos contadores), tem conotação de coisas básicas e fundamentais, de uma espécie que pode ser expressada em poucas palavras, de natureza relativamente atemporal, e independentes das condições empresariais ou das necessidades dinâmicas da comunidade de investidores. No entanto, o APB (a despeito do destaque, em seu nome, da palavra "princípios") tem julgado necessário, por toda a sua história, emitir opiniões sobre assuntos que quase nada têm a ver com "princípios" no sentido usual.

Propôs-se, diante disso, que o termo **princípios** fosse substituído pelo termo **padrões**, definidos como "soluções de problemas de contabilidade financeira". Entendeu-se que o novo termo seria "mais descritivo da maioria dos pronunciamentos do Conselho, bem como da maior parte de seu esforço atual".

Naquele contexto, parecia que a longa busca por princípios contábeis havia finalmente chegado ao fim. Hendriksen e Van Breda (2010) destacam, contudo, que pouco depois se percebeu que se tratava muito mais de um deslocamento da busca do que propriamente um fim – a busca, na verdade, tem prosseguido até hoje, de maneiras diferentes. Como se vê, logo após a sua criação, o próprio FASB iniciou uma busca por novos objetivos contábeis, assim como seus predecessores haviam buscado postulados.

Esse trabalho deu origem a uma série de documentos chamados *Statements of Financial Accounting Concepts* (SFAC), os quais formaram o Referencial Conceitual segundo o FASB. Vale notar que quase todos os conceitos que haviam sido inicialmente concebidos sob a rubrica de princípios e postulados acabaram sendo incluídos no referencial, embora com títulos diferentes.

Capítulo 4

Pronunciamento	Conteúdo
SFAC nº 1 (nov./1978)	Estabelece os objetivos da contabilidade para empresas com finalidades lucrativas.
SFAC nº 2 (maio/1980)	Estabelece as características qualitativas da informação contábil.
SFAC nº 3 (dez./1980)	Estabelece os elementos das demonstrações contábeis para as empresas com finalidades lucrativas (substituído pelo SFAC nº 6).
SFAC nº 4 (dez./1980)	Estabelece os objetivos da contabilidade para as empresas sem finalidades lucrativas.
SFAC nº 5 (dez./1984)	Define conceitos como reconhecimento, realização e mensuração para empresas com finalidades lucrativas, orientando para o que deve ser incluído nas demonstrações financeiras e quando.
SFAC nº 6 (dez./1985)	Substituiu o SFAC nº 3, definindo os elementos dos demonstrativos contábeis para todas as organizações.
SFAC nº 7 (fev./2000)	Utilização do fluxo de caixa e valor presente na mensuração contábil.

Fonte: Lopes e Martins (2007).

Mais recentemente, um esforço conjunto entre o FASB e o IASB deu origem a dois capítulos de uma estrutura conceitual comum entre os dois órgãos, pautada na abordagem da utilidade da informação para a tomada de decisões. Os capítulos produzidos abordam o objetivo da elaboração e divulgação de relatório contábil-financeiro de propósito geral (Capítulo 1) e as características qualitativas da informação contábil-financeira útil (Capítulo 3), restando em aberto o Capítulo 2, que tratará das características da entidade que reporta a informação.

De maneira semelhante às estruturas conceituais que a antecederam, a estrutura conceitual em vigor adota a abordagem da utilidade da informação para a tomada de decisão, definindo que o objetivo das demonstrações financeiras é fornecer informações contábil-financeiras acerca da entidade que reporta essa informação (*reporting entity*), úteis a investidores existentes e em potencial, a credores por empréstimos e a outros credores quando da tomada decisão ligada ao fornecimento de recursos para a entidade.

Os usuários mencionados são definidos na estrutura conceitual como o grupo primário de usuários, cujo uso da informação financeira está orientado para a tomada de decisões de investimento. Nota-se, assim, que, ao reconhecer a responsabilidade de reportar para todos os fornecedores de capital, a estrutura conceitual adota a visão da entidade, evidenciando uma perspectiva da entidade como um todo e não apenas de seus acionistas.

4.3.1.3 Estruturas conceituais no Brasil

Ao analisar a evolução das estruturas conceituais no Brasil, Lopes e Martins (2007) ensinam que as bases que deram origem à contabilidade brasileira, conforme consubstanciado na antiga Lei das Sociedades por Ações, remetem à escola italiana de pensamento contábil. Tal escola, porém, adotava uma abordagem eminentemente teórica em relação aos seus conceitos, ao mesmo tempo que adotava uma abordagem formal e voltada aos interesses fiscais.

Com a aceleração do desenvolvimento econômico no Brasil, durante a década de 1960, envolvendo uma tentativa de fortalecimento do mercado de capitais e uma maior influência das empresas de auditoria norte-americanas, essa base se tornou inadequada. Nesse contexto, passou-se a buscar um modelo de contabilidade mais pragmático, surgindo pressões por órgãos financiadores internacionais e empresas de auditoria pela adoção das diretrizes da escola anglo-saxônica. Essa mudança de paradigma teve reflexos diretos nas disposições legais relacionadas à contabilidade no Brasil, culminando com a Lei nº 6.404/76 (Lei das S.A.).

A regulamentação das práticas contábeis que se seguiram, porém, gerou uma série de questões, uma vez que, durante muitos anos, a contabilidade brasileira foi regida por duas estruturas conceituais em paralelo: a primeira, editada pelo Instituto Brasileiro de Pesquisas Contábeis, Atuariais e Financeiras (IPECAFI) e aprovada pelo Instituto dos Auditores Independentes do Brasil (IBRACON) e a Comissão de Valores Mobiliários (CVM); e a segunda editada pelo Conselho Federal de Contabilidade, por meio da Resolução nº 750/83.

Apesar de inicialmente parecerem bastante semelhantes, as duas estruturas conceituais acima apresentam diferenças relevantes em relação ao seu conteúdo e filosofia subjacente. Além disso, essa sobreposição acabou por gerar um problema de hierarquia complexo no que diz respeito à normatização de assuntos contábeis no Brasil: por um lado, a CVM tem o poder legal de definir o modelo de estrutura conceitual básica para a contabilidade, obrigando as companhias brasileiras a segui-lo; mas, por outro, o CFC, pelo seu poder fiscalizador, tem o poder de influenciar o comportamento dos profissionais contábeis no Brasil.

De maneira geral, Lopes e Martins (2007) colocam que o modelo apresentado pelo IPECAFI é baseado na definição de um objeto maior da contabilidade para, em seguida, desenvolver os princípios contábeis que deverão nortear a contabilidade no atingimento desses objetivos. Adota-se, portanto, uma estrutura a partir da qual a contabilidade se volta integralmente ao atendimento das demandas de informação do usuário, estando organizada em postulados e princípios.

No modelo do CFC, por outro lado, os princípios contábeis são o ponto central da estrutura conceitual, devendo ser observados de forma doutrinária e objetiva. Ao contrário da primeira estrutura, os objetivos da contabilidade não possuem destaque e os princípios respectivos não são resultado de uma dedução logicamente apresentada. Os princípios são apresentados de forma direta, quase dogmática, sem maiores considerações sobre a sua dedução a partir de premissas maiores.

Esse conflito na estrutura da contabilidade brasileira só foi resolvido definitivamente, com a criação do Comitê de Pronunciamentos Contábeis (CPC) e a adoção da Estrutura Conceitual das *International Financial Reporting Standards* (IFRS). A partir desse momento, o Brasil passou a aderir às regras contábeis internacionais, adotando definitivamente a abordagem da utilidade da informação para a tomada de decisão.

4.3.2 Hierarquia das normas contábeis

No contexto da busca pelos objetivos da contabilidade, a Comissão Trueblood procurou estabelecer as ligações entre as diversas partes do Referencial Conceitual do FASB, editado por meio das SFACs. Os termos dessa hierarquia foram definidos e sumarizados pelo seguinte esquema:

Fonte: Hendriksen e Van Breda (2010).

4.3.2.1 Objetivos

De maneira simplificada, os objetivos podem ser entendidos como um alvo, a finalidade de uma ação, algo para o qual há um direcionamento. São, portanto, materializações para as quais há a concentração de esforços, com a finalidade de se consubstanciar uma ação.

4.3.2.2 Informação necessária

Refere-se às categorias de informações de contabilidade financeira necessárias aos usuários para a tomada de decisão. Vale ressaltar que o conceito abrange basicamente as informações de natureza econômico-financeira, ou que venham a produzir impacto econômico e financeiro em algum momento.

4.3.2.3 Características qualitativas

Inicialmente, as características qualitativas foram definidas como propriedades da informação contábil necessárias para torná-la útil. No referencial conceitual original do FASB, propôs-se uma divisão entre: (i) características qualitativas específicas para usuários, as quais dizem respeito a qualidades concernentes à natureza do usuário, tais como a inteligibilidade ou compreensibilidade da informação; e (ii) características específicas para decisões, as quais são desejáveis para todos os usuários, tais como a relevância e a oportunidade. A figura a seguir resume as características qualitativas, segundo o referencial conceitual do FASB:

Capítulo 4

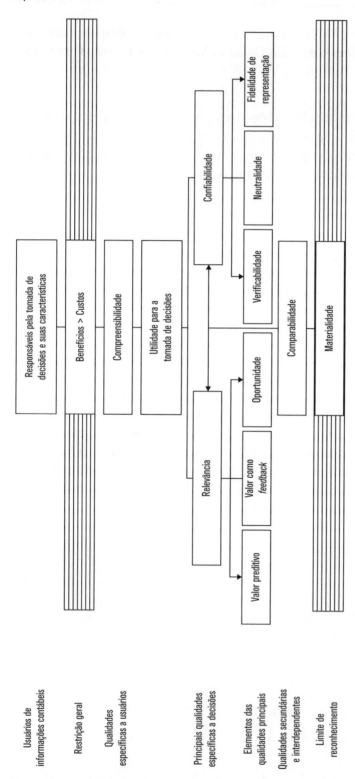

Fonte: Hendriksen e Van Breda (2010).

É interessante notar que as características qualitativas acima já apareciam na literatura contábil em outros contextos, e com outras redações, seja na forma de princípios postulados ou dos objetivos qualitativos definidos pelo APB 4. Do mesmo modo, tais características aparecem novamente no Capítulo 3 da Estrutura Conceitual em vigor, na forma das características qualitativas fundamentais (relevância, materialidade e representação fidedigna) e de melhoria (comparabilidade, verificabilidade, tempestividade e compreensibilidade). Vale notar, porém, que sustentar que a nova abordagem desses conceitos se trata de questão meramente de apresentação seria desconsiderar toda a mudança de filosofia pela qual a contabilidade passou nesse período.

4.3.2.4 Fundamentos

Os fundamentos são conceitos básicos subjacentes à mensuração de transações e eventos e à sua divulgação de maneira significativa para os usuários. Tais fundamentos podem ser de diversas naturezas, incluindo as definições de: entidade contábil, ativos, passivos, lucro, receita, despesa, realização, entre outras.

4.3.2.5 Padrões

São soluções gerais para problemas de contabilidade financeira, ou seja, são soluções aceitas pela comunidade contábil e seus órgãos reguladores (ex.: FASB e IASB). Divergências podem ocorrer, contudo, uma vez que nem sempre se atinge consenso pleno entre a comunidade contábil e financeira quanto ao conteúdo dos pronunciamentos contábeis emitidos.

4.3.2.6 Interpretações

As interpretações têm como função ajudar a esclarecer, explicar ou detalhar padrões de contabilidade e divulgação, contribuindo para a aplicação dos pronunciamentos na prática contábil.

4.3.2.7 Práticas

As práticas contábeis correspondem à efetiva aplicação dos padrões e interpretações mencionados anteriormente, constituindo-se nos meios pelos quais os objetivos das demonstrações financeiras são efetivamente atingidos.

Capítulo 4

4.4 Debates atuais sobre estruturas conceituais

Embora as estruturas conceituais, como visto nas subseções anteriores, seja objeto de discussões há pelo menos quatro décadas, ainda não foi alcançada um consenso com relação a esse tópico, sobretudo, pelas distinções de abordagens entre os normatizadores em virtude da amplitude de alternativas para formulação dessas estruturas.

4.4.1 Estruturas baseadas em regras *versus* estruturas baseadas em princípios

Muito se discute hoje a respeito da melhor abordagem para a construção das estruturas conceituais e pronunciamentos contábeis, dominando o embate entre os defensores de padrões contábeis orientados por regras ou por princípios. Conforme mencionado por Scott (2012), padrões contábeis baseados em regras seriam uma tentativa de formalizar regras detalhadas, pretensamente exaustivas, para as práticas contábeis. A alternativa para isso seria produzir padrões contábeis trazendo apenas princípios gerais, e confiar no julgamento profissional dos auditores para assegurar que a aplicação desses padrões não seja enganosa.

É comum dizer que os padrões produzidos pelo IASB tendem a ser mais orientados por princípios do que aqueles produzidos pelo FASB. Ball (2009), porém, argumenta que a contabilidade americana é também predominantemente orientada por princípios, apontando que a justiça americana pune demonstrações financeiras enganosas, mesmo quando tecnicamente corretas de acordo com o GAAP.

Como destaca Most (1977), a responsabilidade profissional dos contadores em relação a clientes e terceiros já foi definida pelo judiciário americano, sendo frequentes os casos em que contadores figuram como réus. Nesses casos, cabe ao profissional demonstrar que as práticas adotadas possuem embasamento consistente de acordo com a teoria contábil.

Ball (2009), nesse sentido, atribui a visão de que os padrões contábeis americanos são orientados por regras ao alto grau de regulamentação e à possibilidade de punição, o que produz, nas suas palavras, uma mentalidade de permanente checagem de regras (*rule checking*).

Ciente dessa discussão, e considerando que nem o GAAP americano, nem as regras internacionais representam um modelo ótimo orientado por princípios, a Securitis and Exchande Commission (SEC) realizou um estudo analisando as vantagens e desvantagens de cada tipo de sistema.

Elifoglu e Fitzsimons (2003) fazem breves considerações sobre o resultado desse estudo, a partir do qual foram enumeradas as seguintes vantagens dos padrões orientados por princípios:

- são baseados em uma estrutura conceitual aprimorada e consistentemente aplicada;
- definem claramente o objetivo contábil do padrão;
- fornecem detalhe suficiente e estrutura, de modo que o padrão possa ser operacionalizado e aplicado de maneira consistente, mas evita fornecer detalhes em excesso a ponto de obscurecer ou se sobrepor ao objetivo do padrão como um todo;
- evitam o uso de testes de porcentagem (*bright lines*) que permitem atingir conformidade técnica com o padrão, ao mesmo tempo que prejudica a sua intenção, por meio de engenharia financeira.

No mesmo sentido, o estudo menciona que padrões orientados por regras fornecem um mapa para violar os objetivos contábeis inerentes aos padrões. Além disso, nota-se que um sistema baseado em regras pode levar à visão de que o reporte financeiro nada mais é que um ato de conformidade, e não de comunicação. Por outro lado, faz-se uma crítica aos sistemas de padrões baseados apenas em princípios, sustentando que estes poderiam levar a uma perda significativa de comparabilidade entre as entidades.

4.4.1.1 A influência do sistema jurídico nesse debate

Como salientado por Lopes e Iudícibus (2004), o ambiente jurídico está relacionado com a forma como toda a sociedade opera, incluindo a contabilidade. Sendo assim, as estruturas conceituais para a contabilidade são também influenciadas pelo ambiente jurídico. Este, por sua vez, é geralmente dividido em dois sistemas: o *common law* e o *code law* (ou *civil law*).

O sistema de *common law* tem sua origem na Inglaterra e está presente de formas diferentes na maioria dos países de origem anglo-saxônica. Nesse sistema, geralmente se privilegia a utilização de princípios gerais e da jurisprudência consolidada para nortear o comportamento e chegar a soluções jurídicas. Trata-se de um sistema com soluções geralmente mais casuísticas (análise caso a caso) e que preconiza a análise da essência sobre a forma.

O sistema de *code law*, por outro lado, predominante nos países da Europa continental e suas ex-colônias, tipicamente privilegia a criação de regras que tentam legislar sobre todos os comportamentos esperados, o que leva a ponderações sobre todas as situações e exceções. Sendo assim, trata-se de um sistema em que a lei é a fonte primária do direito.

Capítulo 4

Vale ressaltar que as diferenças de sistemas jurídicos mencionadas são frequentemente apontadas como geradoras de influências sobre diversos aspectos que não apenas o direito e a contabilidade. Para o contexto da discussão proposta, as seguintes diferenças parecem relevantes: modelo de regulamentação, estrutura acionária, impacto da legislação tributária, força da profissão contábil, entre outras.

Diante dessas considerações, existe uma expectativa de que, em um ambiente jurídico no qual predomine o *common law*, a estrutura conceitual adote uma abordagem mais orientada por princípios e privilegie a essência sobre a forma, enquanto em um ambiente jurídico em que predomine o *code law*, prevalece uma abordagem mais orientada por regras e mais formalista. Ainda que a adoção das IFRS tenha diminuído as diferenças de abordagens entre os países, rumo a um modelo mais próximo do *code law*, muitas distinções ainda persistem.

4.4.2 Uniformização *versus* harmonização das normas contábeis

Ao celebrar os 10 anos da fundação do IASB, em 2011, Pacter (2012) não deixa dúvidas em relação ao sucesso das IFRS. Como destaca o autor, o número de países que passaram a adotar as normas internacionais para companhias abertas passou de alguns poucos para bem mais de 100, incluindo milhões de empresas.

Além disso, houve progresso substancial em direção à convergência entre o GAAP americano e as IFRS. Prova disso é a permissão pela SEC para que emissores estrangeiros apresentem as suas demonstrações contábeis em IFRS, sem reconciliação para o GAAP americano, um reconhecimento de que esse sistema atende às necessidades de informação do investidor americano.

No mesmo sentido, a publicação de uma Estrutura Conceitual conjuntamente pelo FASB e o IASB mostra que se chegou a certo consenso quanto à hierarquia das normas contábeis e aos objetivos e características qualitativas das demonstrações financeiras. Consenso esse, vale dizer, que não se traduz necessariamente em uma uniformização das práticas contábeis, mas em uma busca por harmonização, que permita o distanciamento da total diversidade.

Diversos estudos, nesse sentido, mostram que a contabilidade é influenciada por uma série de fatores. Nobes (1998), por exemplo, propôs a possibilidade de classificar os modelos contábeis com base na força do mercado de capitais e no grau de dominância cultural. Em estudos posteriores (KVAAL; NOBES, 2010; NOBES, 2011 e 2013), o mesmo autor verifica que mesmo após a adoção das IFRS as diferenças nas práticas contábeis entre os países persistiam. Conclusão parecida é apresentada por Lourenço et al. (2015), sugerindo que as práticas contábeis anteriores às IFRS influenciam nas práticas posteriores.

Em trabalho de grande profundidade sobre o tema, Elionor Weffort (2003) traz essa discussão para o Brasil antes da adoção das IFRS, analisando as características mais desafiadoras para a harmonização contábil internacional no país. Nesse sentido, a autora menciona como relevantes nesse processo o sistema jurídico, o sistema educacional, a cultura e a estrutura de mercado, todos os quais apresentam características favoráveis e desafios para a harmonização.

Vale notar, contudo, que a discussão se aplica a um recorte do fenômeno contábil, referente principalmente à contabilidade de empresas abertas, no contexto da tomada de decisões econômicas por investidores e gestores. Outros tipos de usuários, como governos, trabalhadores, entidades sem fins lucrativos, porém, apresentam outras demandas informacionais, as quais não são necessariamente atendidas pelas normas que derivam da Estrutura Conceitual das IFRS.

O tratamento dessas demandas, por vezes, se dá por meio da criação de regras próprias, ainda que frequentemente semelhantes à própria estrutura conceitual e demais pronunciamentos. Pode-se citar, por exemplo, os requisitos regulatórios para determinados setores, a legislação tributária, o balanço social, entre outros. Mesmo estando fora da Estrutura Conceitual da contabilidade, porém, todos esses elementos continuam sendo objeto de uma teoria da contabilidade mais ampla, conforme discutido nos capítulos anteriores.

Breves conclusões

Conforme exposto no decorrer deste capítulo, é imperativo destacar que as estruturas conceituais são, antes de mais nada, documentos gerais formulados por reguladores contábeis, visando orientar a elaboração de normas específicas. Assim, as diferentes estruturas conceituais apresentadas neste capítulo não são teorias, mas derivações das abordagens prevalecentes à época em que foram desenvolvidas.

Adicionalmente, é vital que se perceba a distinção entre as abordagens baseadas em princípios gerais *versus* enfoques abalizados em regras. Mais especificamente, espera-se que normas baseadas em princípios induzam os preparadores das demonstrações contábeis à realização de escolhas, que, embora subjetivas, atendam da melhor forma possível ao que se convencionou chamar no Capítulo 1 de processo contábil. Entretanto, é natural que tal abordagem resulte em um desafio, sobretudo, porque, conforme verificado no Capítulo 2, os interesses acerca das informações contábeis

Capítulo 4

não são uníssonos. Logo, em um ambiente cujas normas carecem de maior interpretação, pode haver uma margem mais ampla para realização de escolhas enviesadas por interesses que prevaleçam a um grupo determinante.

Entretanto, parece que a alternativa de um ordenamento baseado em regras seja um pouco pior, mais apropriadamente, porque impõe a diferentes organizações um único caminho, geralmente tomado de forma arbitrária pelo regulador, cuja principal implicação é tratar de forma igual, da perspectiva do processo contábil, organizações com características desiguais, o que, sem sombra de dúvidas, é um contrassenso.

Referências

BALL, R. Market and political/regulatory perspectives on the recent accounting scandals. *Journal of Accounting Research*, v. 47, n. 2, p. 277-323, 2009.

BULLEN, H. G.; CROOK, K. Revisiting the concepts. A new conceptual framework project, documento on-line. 2005. Disponível em: <http://www.fasb.org/communications_paper.pdf>. Acesso em: 26 set. 2017.

COMITÊ DE PRONUNCIAMENTOS CONTÁBEIS (CPC). *Pronunciamento Conceitual Básico (R1)*. Brasília: CPC, 2011.

ELIFOGLU, H.; FITZSIMONS, A. SEC issues study on the adoption of a principles-based accounting system. *Bank Accounting and Finance*, v. 17, n. 1, p. 34, 2003.

HENDRIKSEN, E.; VAN BREDA, M. *Teoria da contabilidade*. São Paulo: Atlas, 2010.

INTERNATIONAL ACCOUNTING STANDARDS BOARD (IASB). *The conceptual framework for financial reporting*. Londres: IASB, 2013.

IUDÍCIBUS, S. *Teoria da contabilidade*. 6. ed. São Paulo: Atlas, 2000.

JAMAL, K.; TAN, H.T. Joint effects of principles-based versus rules-based standards and auditor type in constraining financial managers' aggressive reporting. *The Accounting Review*, v. 85, n. 4, p.1325-1346, 2010.

KVALL, E.; NOBES, C. International differences in IFRS policy choice: a research note. *Accounting and Business Research*, v. 40, n. 2, p. 173-187, 2010.

LOPES, A. *A informação contábil e o mercado de capitais*. São Paulo: Pioneira Thomson Learning, 2002.

_____; IUDÍCIBUS, S. *Teoria avançada da contabilidade*. São Paulo: Atlas, 2004.

_____; MARTINS, E. *Teoria da contabilidade – uma nova abordagem*. São Paulo: Atlas, 2005.

LOURENÇO, I. et al. Extending the classification of european countries by their IFRS practices: a research note. *Accounting in Europe*, v. 12, n. 2, p. 223-232, 2015.

MATTESSICH, R. Methodological preconditions and problems of a general theory of accounting. *Accounting Review*, p. 469-487, jul. 1972.

MOST, K. *Accounting theory*. Ohio: Grid, 1977.

NOBES, C. IFRS practices and the persistence of accounting system classification. *Abacus*, v. 47, n. 3, p. 267-283, 2011.

_____. The continued survival of international differences under IFRS. *Accounting and Business Research*, v. 43, n. 2, p. 83-111, 2013.

_____. Towards a general model of the reasons for international differences in financial reporting. *Abacus*, v. 34, n. 2, p. 162-187, 1998.

PACTER, P. Stop and smell the roses. *Australian Accounting Review*, v. 22, n. 3, p. 246-247, 2012.

SCOTT, W. *Financial accounting theory*. 6. ed. Canada: Pearson, 2012.

VATTER, W. Postulates and principles, *Journal of Accounting Research*, v. 1, n. 2, p. 179-197, 1963.

WATTS, R.; ZIMMERMAN, J. *Positive accounting theory*. Englewood Cliffs: Prentice-Hall, 1986.

WEFFORT, E. *O Brasil e a harmonização contábil internacional*: influências dos sistemas jurídico e educacional, da cultura e do mercado. Tese (Doutorado em Controladoria e Contabilidade), Faculdade de Economia, Administração e Contabilidade da Universidade de São Paulo, São Paulo, 2003.

Estudo de caso

O Brasil passou pelo processo de convergência com as normas internacionais de contabilidade (*International Financial Reporting Standards* – IFRS), tornando obrigatória a divulgação das demonstrações financeiras, pelas empresas brasileiras, de acordo com o padrão contábil internacional a partir de 2010. Ocorre que as instituições financeiras, reguladas pelo Banco Central do Brasil (BACEN), adotaram parcialmente as normas do IFRS, realizando divulgações das demonstrações contábeis tanto em IFRS quanto em BR GAAP (parcialmente convergido ao IFRS). O quadro a seguir apresenta os Balanços Patrimoniais do Itaú Unibanco Holding S.A. em 31/12/2013 e 31/12/2014, tanto em IFRS quanto em BR GAAP, assim como a sua conciliação.

Balanço Patrimonial

R$ milhões

	BRGAAP	Ajustes e Reclassificações[2]	IFRS	BRGAAP	Ajustes e Reclassificações[2]	IFRS
	31/dez/2014			31/dez/2014		
Ativos Totais	**1.208.702**	**(81.499)**	**1.127.203**	**1.105.721**	**(78.424)**	**1.027.297**
Disponibilidades Compulsórios, Aplic. Dep. Interfinanceiros e no Mercado Aberto, Ativos Financeiros e Derivativos[3]	610.142	(36.883)	573.259	50.837	(25.797)	525.040
Operações de Crédito	451.760	671	452.431	412.235	533	411.702
(–) Provisão para Créditos de Liquidação Duvidosa[4]	(26.948)	4.556	(22.392)	(26.371)	4.136	(22.235)
Outros Ativos Financeiros[5]	96.761	(43.112)	53.649	94.183	(46.591)	47.592
Ativos Fiscais[6]	42.890	(7.647)	35.243	44.750	(10.008)	34.742
Investimentos em Associadas e Entidades Controladas em Conjunto, Ágio, Imobilizado, Ativos Intangíveis, Bens Destinados a Venda e Outros Ativos	34.097	916	35.013	30.087	369	30.456
Passivos Circulante e Exigível a Longo Prazo	**1.110.439**	**(83.853)**	**1.026.586**	**1.022.794**	**(79.689)**	**943.105**
Depósitos	294.773	–	294.773	274.383	–	274.383
Captações no Mercado Aberto[3]	325.013	(36.330)	288.683	292.179	(25.497)	266.682
Passivos Fin. Mantidos para Negociação, Derivativos, Recursos de Mercados Interbancários e Institucionais	212.826	872	213.698	194.238	969	195.207
Outros Passivos Financeiros[5]	114.540	(43.048)	71.492	107.329	(46.055)	61.274
Reservas de Seguros, Previdência Privada e Capitalização	112.675	113	112.778	102.055	–	102.055
Provisões e Outros Passivos	40.765	(78)	40.687	40.263	(533)	39.710
Obrigações Fiscais[6]	9.847	(5.382)	4.465	12.347	(8.553)	3.794
Total do Patrimônio Líquido	**98.262**	**2.354**	**100.617**	**82.927**	**1.265**	**84.192**
Participação dos Acionistas não Cotroladores	2.415	(1.058)	1.357	1.903	(934)	969
Total do Patrimônio Líquido dos Acionistas Controladores[7]	95.848	3.412	99.260	81.024	2.199	83.223

[1] O BRGAAP representa as práticas contábeis vigentes no Brasil para as instituições financeiras, conforme regulamentação do Banco Central do Brasil;

[2] Decorrentes de reclassificações de ativos e passivos e demais efeitos da adoção das nomas do IFRS;

[3] Decorrente da eliminação de operações entre a controladora e os fundos exclusivos (principalmente fundos PGBL e VGBL), que são consolidados com base nas normas do IFRS;

[4] Aplicação do critério de cálculo da Provisão para Créditos de Liquidação Duvidosa conforme modelo definido no IFRS;

[5] Diferença na contabilização, principalmente da carteira de câmbio, que passou a ser tratada como efeito líquido entre Ativos e Passivos;

[6] Diferença na contabilização, principalmente dos impostos diferidos, que passaram a ser tratados como efeito líquido entre Ativos e Passivos em cada uma das empresas consolidadas;

[7] Conciliação do Patrimônio Líquido dos Acionistas Controladores demonstrada na próxima tabela.*

* A próxima tabela mencionada encontra-se na fonte consultada.

Fonte: ITAÚ S.A. Comunicado ao Mercado – Divulgação dos resultados do quarto trimestre e do período de janeiro a dezembro de 2014, de acordo com o padrão contábil internacional – IFRS. Disponível em: <www.itau-unibanco.com.br/ri>. Acesso em: 28 set. 2015.

Com base nos seus conhecimentos de teoria da contabilidade, responda:

1. Pode-se dizer que os valores apresentados se utilizando das normas de contabilidade brasileiras (BR GAAP) e internacionais (IFRS) são diferentes porque utilizam de teorias diferentes? Explique.
2. Por que surgem diferentes estruturas conceituais?
3. Pode-se dizer então que as estruturas conceituais são diferentes? Essa diferença ou semelhança tem impactos sobre as normas e práticas contábeis do Brasil e do IFRS? Explique.
4. Espera-se que países diferentes que utilizam da mesma estrutura conceitual tenham contabilidades diferentes? Explique.
5. Quais são os principais fatores que explicam as diferenças entre as normas e práticas contábeis de diferentes países?
6. Como o ambiente jurídico pode afetar as estruturas conceituais? E a estrutura de financiamento?
7. Como normas contábeis iguais podem gerar práticas diferentes em ambientes diferentes? Explique os fatores que influenciam esse fenômeno.

Questões de múltipla escolha

1. Estruturas conceituais são derivadas da teoria da contabilidade. Elas determinam como serão os procedimentos contábeis, englobando regras, convenções e normas para registro, organização e reporte das informações contábeis de uma companhia. Um dos propósitos da estrutura conceitual, segundo o IASB, é:
   a) Auxiliar alguns usuários específicos a entender e interpretar as normas contábeis.
   b) Auxiliar na elaboração de normas contábeis baseadas em conceitos consistentes.
   c) Incentivar e apoiar a realização de auditorias de alta qualidade.
   d) Auxiliar os preparadores a desenvolver políticas contábeis inconsistentes.
   e) Gerenciar riscos corporativos.

2. Most (1977) reproduz a curva de conhecimento contábil criada por Dr. Leo Herbert, iniciada em 1775, pois a literatura na época consistia basicamente na *Summa de arithmetica,* de Luca Pacioli. Em 1900, observa-se que existia ênfase no resultado. Segundo Most (1977), as companhias de estrada de ferro geraram discussões importantes nesse período; por qual dos motivos elencados a seguir?
   a) Essa atividade chamou a atenção para a necessidade de normatização dos lucros e cálculo da depreciação de forma sistemática.

Capítulo 4

b) Essa atividade resultou em maior foco em medidas de desempenho para melhorar os controles internos.

c) Essa atividade apresentava a necessidade de controle extensivo das operações e, como as organizações eram muito grandes, percebeu-se a necessidade de implementação de procedimentos de auditoria.

d) Essa atividade levou ao crescimento da indústria nos EUA e, como a maior parte dos equipamentos foi produzida pela iniciativa privada, porém com regulamentação do governo, inclusive sobre os preços, resultou-se em uma preocupação maior em relação aos custos.

e) Ênfase no desenvolvimento de regras sobre o cálculo de imposto sobre a renda e nas definições de conceitos jurídicos.

3. Conforme Bullen e Crook (2005), um dos objetivos comuns do IASB e do FASB consiste em criar normas contábeis baseadas em princípios e não em regras. Isso implica:

a) Normas que são específicas e determinam o tratamento que deve ser aplicado em cada operação, considerando muitas exceções.

b) Normas que são facilmente fiscalizadas e impostas para os preparadores das demonstrações contábeis, por não permitirem julgamento.

c) Normas que possuem julgamento dos reguladores e legisladores, ou seja, as decisões e interpretações são feitas em uma etapa anterior à preparação das demonstrações.

d) Normas que não representam fielmente a realidade econômica da empresa, uma vez que seguem determinações rígidas, aplicáveis a todas as organizações e setores (*one size fits all*).

e) Normas que são direcionadores do julgamento dos preparadores, para realização de divulgação confiável e que busque a representação fidedigna da situação econômica da entidade.

4. A SEC propôs um estudo que aponta desvantagens da aplicação de normas contábeis baseadas em princípios, pela existência de muitas interpretações diferentes do mesmo fenômeno, o que resulta em dificuldade de implementação, comparabilidade e *enforcement*. Adicionalmente, apresentou problemas na aplicação de normas contábeis baseadas em regras, por não possuírem flexibilidade para a representação da realidade econômica. Diante disso, propõe o estabelecimento de normas contábeis baseadas em objetivos. Essa proposta apresenta as seguintes vantagens, exceto:

a) Define objetivos claros para a norma.

b) Fornece detalhes e estrutura suficientes para que o padrão possa ser operacionalizado e aplicado em uma base consistente, mas evita fornecer muitos detalhes.

Teoria da contabilidade financeira e estruturas conceituais

c) Aumenta a possibilidade de julgamento, para refletir de forma fidedigna o fenômeno econômico.

d) Minimiza exceções à norma.

e) Evita o estabelecimento de percentuais para definição de tratamento contábil, a fim de evitar a utilização deles para manipular as divulgações das empresas.

5. De acordo com Mattessich (1972), a discussão sobre uma teoria geral da contabilidade pode ocorrer sob dois enfoques: o tradicional e o moderno. Nesse sentido, assinale a alternativa correta:

a) Pelo enfoque tradicional, quando se trata de interdisciplinaridade, predominam a particularização e a utilização de um quadro conceitual teórico estritamente especializado.

b) Quanto à estrutura, o enfoque moderno considera o cumprimento de convenções em modelos contábeis e hipóteses.

c) Quanto aos objetivos, o enfoque tradicional aborda a orientação em direção a modelos de informações contábeis e gerenciais para atingir a objetivos específicos.

d) Pelo enfoque moderno, a terminologia contém expressões descritas de forma vaga e conceitos não operacionais.

e) Quanto à unicidade, o enfoque tradicional considera a integração de áreas contábeis específicas a uma entidade coerente.

6. Quanto à discussão Normas baseadas em princípios (NbP) *versus* Normas baseadas em regras (NbR), assinale a alternativa incorreta:

a) As NbP são mais dependentes de julgamento, de entendimento do contexto da transação.

b) As NbP são mais dependentes da capacidade profissional de preparadores e auditores.

c) As NbR não dependem de julgamento e oferecem menos liberdade para contextualização.

d) As NbR são menos dependentes da capacidade profissional de preparadores e auditores.

e) As NbP e as NbR ajudam a estruturar o sistema contábil, mas por caminhos diferentes.

7. Jamal e Tan (2010) efetuaram um experimento que analisou o tratamento de uma transação de *leasing* que deveria ser registrada no balanço, comparando NbP e NbR, por meio da influência de auditores orientados a princípios, a regras ou a clientes. Os resultados apontaram que:

a) Ao utilizar NbR, o tipo de auditor não influencia a propensão dos gestores a não registrar a transação no balanço.

Capítulo 4

b) Ao utilizar NbP, um auditor orientado a regras gerou uma baixa propensão a não registrar a transação no balanço.

c) Ao utilizar NbP, um auditor orientado a clientes gerou uma baixa propensão a não registrar a transação no balanço.

d) Ao utilizar NbR, um auditor orientado a princípios gerou uma baixa propensão a não registrar a transação no balanço.

e) Ao utilizar NbR, um auditor orientado a regras gerou uma baixa propensão a não registrar a transação no balanço.

8. Pesquisadores como Hendriksen e Breda apresentam os fundamentos dos princípios contábeis e seus pré-requisitos. Nesse contexto, assinale a alternativa **incorreta**:

a) A entidade e a continuidade são indicadas pelos dois pesquisadores.

b) Apesar de o conservadorismo ser indicado por ambos os pesquisadores, ele não é considerado como uma característica qualitativa pelo IASB/CPC.

c) Apenas Iudícibus menciona a prevalência da essência sobre a forma como pré-requisito dos fundamentos.

d) Hendriksen classifica os fundamentos em postulados, princípios e convenções.

e) Hendriksen menciona o julgamento e integridade dos contadores como pré--requisito dos fundamentos.

9. Com o processo de adoção das IFRS, diversos países estão caminhando para uma harmonização das normas e práticas contábeis. Porém, por maiores que sejam esses esforços, divergências entre esses países persistirão. Isso ocorre porque as normas e práticas contábeis não podem ser isoladas de seu ambiente, dado que, além de serem afetadas pelo ambiente, elas também o afetam. Nesse contexto, está incorreto afirmar que:

a) Países com sistemas jurídicos baseados no direito romano normalmente têm normas contábeis diferentes de países com sistemas jurídicos baseados no direito consuetudinário.

b) A religião é um fator que não justifica as diferenças de práticas contábeis em diferentes locais.

c) A linguagem é um fator que pode influenciar as normas e práticas contábeis.

d) Os valores culturais têm impacto no processo de diversificação das normas contábeis.

e) A legislação fiscal pode afetar a contabilidade, em maior ou menor grau.

10. Sobre os processos de padronização e harmonização das normas e práticas contábeis, no contexto da adoção das IFRS, pode-se afirmar que:

a) Padronização e harmonização podem ser consideradas sinônimos.

b) Busca-se a padronização das normas e práticas contábeis, pois somente assim poderá ser atingido o objetivo de comparabilidade das demonstrações contábeis de diferentes países.

c) Busca-se a harmonização, em um movimento de "se distanciar da total diversidade", já que a padronização poderia ocorrer apenas se fatores diversos como cultura e linguagem fossem similares entre os países.

d) Busca-se a padronização, em um movimento de "se distanciar da total diversidade", já que a harmonização poderia ocorrer apenas se fatores diversos como cultura e linguagem fossem similares entre os países.

e) Nenhuma das alternativas anteriores apresenta uma afirmação correta.

Questões para reflexão

- Estruturas conceituais e teoria da contabilidade
  - Estrutura conceitual é sinônimo de teoria da contabilidade?
  - Se sim, por que existem diferentes estruturas conceituais?
  - Se não, qual a relação entre as estruturas conceituais e a teoria da contabilidade?

- Estruturas conceituais
  - Há consenso entre os organismos normatizadores e os pesquisadores sobre a estrutura conceitual da contabilidade (*framework*)?
  - Há indícios de haver uma única estrutura em nosso campo de conhecimento, ou os indícios são de haver mais de uma? Ou cada estrutura é um recorte de uma teoria ampla?

- Princípios contábeis
  - Quais são os fundamentos dos princípios contábeis segundo pesquisadores como Iudícibus e Hendriksen?
  - O que embasa tais princípios?
  - Para que princípios possam existir, o que deve existir antes, na visão dos referidos autores?
  - Qual a relação entre a premissa subjacente "características qualitativas da informação contábil", como definidas pelo IASB, e os princípios contábeis como definidos pelos autores acima citados?

- Qual a relevância das chamadas "características qualitativas da informação contábil"? A discussão *Principles Based versus Rules Based Accounting Standards*.

Capítulo 4

- *Code law versus common law.*
- Qual a diferença entre as premissas nas quais se baseiam as normas contábeis e os princípios contábeis?
- Normas baseadas em regras não possuem princípios?
- Este debate tem mérito?

- Por que, mesmo sob o mesmo conjunto de princípios e normas, a aplicação das normas pode ser diferente?

Referências adicionais para aprofundamento

COMITÊ DE PRONUNCIAMENTOS CONTÁBEIS (CPC). *Pronunciamento Conceitual Básico (R1).* Brasília: CPC, 2011.

ELIFOGLU, Hilmi; FITZSIMONS, Adrian P. SEC issues study on the adoption of a principles-based accounting system. *Bank Accounting and Finance,* v. 17, n. 1, p. 34, Dec. 2003.

HENDRIKSEN, Eldon S.; VAN BREDA, Michael F. *Teoria da contabilidade.* Trad. da 5. ed. americana por Antonio Zoratto Sanvicente. São Paulo: Atlas, 1999. (Capítulos 4 a 8.)

INTERNATIONAL ACCOUNTING STANDARDS BOARD (IASB). *The conceptual framework for financial reporting.* Londres: IASB, 2013.

IUDÍCIBUS, Sérgio de. *Teoria da contabilidade.* 6. ed. São Paulo: Atlas, 2000. (Capítulos 3 a 5.)

KVALL, Erlend; NOBES, Christopher. International differences in IFRS policy choice: a research note. *Accounting and Business Research,* v. 40, n. 2, 2010.

LOPES, Alexsandro Broedel. *A informação contábil e o mercado de capitais.* São Paulo: Pioneira Thomson Learning, 2002. (Capítulos 1 a 6.)

_____; IUDÍCIBUS, Sérgio de. *Teoria avançada da contabilidade.* São Paulo: Atlas, 2004. (Capítulos 1 e 4.)

_____; MARTINS, Eliseu. *Teoria da contabilidade – uma nova abordagem.* São Paulo: Atlas, 2005. (Capítulos 1 a 6 e, especialmente, 8.)

LOURENÇO, I. et al. Extending the classification of european countries by their IFRS practices: a research note. *Accounting in Europe,* v. 12, n. 2, 2015.

MATTESSICH, Richard. Methodological preconditions and problems of a general theory of accounting. *Accounting Review,* jul. 1972.

MOST, Kenneth. *Accounting theory.* Ohio: Grid, 1977. (Capítulos 1 a 4 e 6.)

NOBES, Christopher. Towards a general model of the reasons for international differences in financial reporting. *Abacus*, v. 34, n. 2, 1998.

_____. IFRS practices and the persistence of accounting system classification. *Abacus*, v. 47, n. 3, 2011.

_____. The continued survival of international differences under IFRS. *Accounting and Business Research*, v. 43, n. 2, 2013.

PACTER, P. Stop and smell the roses. *Australian Accounting Review*, v. 22, n. 3, p. 246-247, 2012.

PATON, W. A. *Accounting*. New York: Macmillan, 1924.

SCOTT, W. R. *Financial accounting theory*. 6th ed. Canada: Pearson, 2012. (Capítulos 1 e 3.)

WATTS, R. L.; ZIMMERMAN, J. L. *Positive accounting theory*. New Jersey: Prentice-Hall, 1986. (Capítulo 1.)

WEFFORT, Elionor J. *Impacto do sistema educacional, sistema legal e mercado na harmonização das normas contábeis brasileiras em relação às normas internacionais*. Tese (Doutorado em Controladoria e Contabilidade), Faculdade de Economia, Administração e Contabilidade da Universidade de São Paulo, São Paulo, 2003.

5

O ativo e sua mensuração

ADRIANA LOTZE MARTINEZ
DENIS LIMA E ALVES
EDUARDO FLORES
FLÁVIA FONTE DE SOUZA MACIEL
NÁDIA ALVES DE SOUZA

Capítulo 5

5.1 Introdução

Poder-se-ia dizer não ser necessário gastar tempo para definir o que é ativo, por talvez parecer uma discussão demasiadamente simples. Afinal, que estudante ou profissional da área contábil não sabe o que é ativo? Até no cotidiano de cidadãos em geral percebe-se haver uma boa noção de ativo – algo que pertence a você, que tem algum valor, seja financeiro ou sentimental.

Mas será que na contabilidade esse conceito está alinhado com o popular? Ou a confusão dos conceitos de débito e crédito do cotidiano, que pode conflitar com o mecanismo das partidas dobradas, também se aplica ao conceito de ativo? *Vide* a seguir trecho da reportagem do jornal *Valor Econômico,* datada de 20 de outubro de 2014:

> O empresário Eike Batista continua protagonista das maiores operações de mercado. Desta vez, porém, não foi para iniciar um novo capítulo de sua vida empresarial, mas para encerrar. Ontem, foi aprovada em assembleia geral a conversão de nada menos do que R$ 13,8 bilhões de dívidas da OGX em capital. Trata-se de todos os compromissos que a companhia tinha antes do pedido de recuperação judicial, feito há um ano. A maior operação desse tipo já realizada na América Latina. A partir de agora essa dívida desaparece do balanço dessa nova OGX. Ou melhor, sai do lado do passivo e passa para o **ativo**, como reserva de capital. [...] [grifo nosso].[1]

A notícia indica que uma reserva de capital se trata de um ativo. Esse entendimento pode ter sido causado pelo uso de um conceito distorcido de ativo; talvez a palavra **reserva** remeta ao entendimento de algo que está sendo guardado, quando de fato o que ocorreu no caso relatado foi a conversão de uma dívida em patrimônio, sendo fundamental ressaltar que reservas são linhas patrimoniais. Independentemente da causa dessa confusão, o fato é que ela pode ocorrer inclusive no meio acadêmico e profissional. Este capítulo objetiva conceituar ativo, na tentativa de esclarecer sua natureza idiossincrática.

5.1.1 Qual a importância de definir o que é ativo?

Pode parecer que a discussão sobre o que é ativo e sua natureza seja simplesmente uma diversão teórica e filosófica de pesquisadores e acadêmicos

---

1 Disponível em: <http://www.valor.com.br/empresas/3738564/eike-entrega-ogx-credores-e-divida-de-r-138-bi-e-resolvida>. Acesso em: 3 ago. 2017.

que não estão preocupados com a utilidade prática desse conceito e o seu impacto no dia a dia dos profissionais contábeis. Entretanto, veremos que essa discussão conceitual tem reflexos diretos na prática. Iudícibus (2009) justifica a necessidade de delimitar o que é ativo: "Porque à sua **definição e mensuração** está ligada a **multiplicidade de relacionamentos contábeis** que envolvem receitas e despesas." [grifo nosso].

Hendriksen e Van Breda (1999) também justificam a necessidade dessa definição:

> Para que a teoria da contabilidade proporcione as **diretrizes adequadas** visando o desenvolvimento do pensamento contábil e de princípios de contabilidade, justifica-se a preocupação com **definições explícitas** de ativos e passivos e uma análise de sua **natureza** básica [grifo nosso].

Apesar dos esforços para chegar a uma definição clara e coerente, não esperamos esgotar o assunto, mas apresentar uma visão ampla que suporte um conceito satisfatório de ativo, considerando o estado atual do conhecimento contábil, uma vez que a contabilidade está em constante evolução. Também não temos a pretensão de esclarecer de uma vez por todas um assunto que é tão abrangente, como será apresentado mais adiante, ao contrário do que se pode pensar. Muito menos entraremos na discussão sobre qual ativo deve ou não ser reconhecido nas demonstrações financeiras, o que se trata de diretrizes estabelecidas pelas normas contábeis, apesar de apresentarmos mais adiante um arcabouço teórico que pode auxiliar nesse sentido.

Acreditamos que com novos conhecimentos a serem obtidos, novos conceitos podem surgir, ou seja, não há respostas definitivas, conforme mencionado por Hendriksen e Van Breda (1999): "É discutível, porém, se essas definições proporcionarão respostas definitivas às difíceis questões de reconhecimento enfrentadas pelos contadores".

5.2 Ativo – Conceitos

Antes de analisarmos conceitos de ativo utilizados por diversos autores e tentarmos chegar a um conceito nosso, cabe neste momento relembrar as etapas do processo contábil, com o intuito de deixar claro onde estará pautada essa análise.

De forma simplificada, existem três etapas que compõem o processo contábil. A **identificação** é a primeira delas, a qual está relacionada a fenômenos econômico-financeiros ocorridos que envolvem a entidade em questão,

Capítulo 5

especificamente os fenômenos sujeitos à contabilização ou divulgação em nota explicativa. Importante lembrar que deverá haver evidências de que tais fenômenos afetam ou poderão vir a afetar o patrimônio da entidade.

A segunda etapa refere-se à **mensuração** desses fenômenos. Faz-se necessária, para fins de registro na contabilidade, a sua tradução em moeda. Sem essa codificação em números, não é possível o seu reconhecimento. Em outras palavras, nessa etapa precifica-se o fenômeno, ou seja, estabelece-se o seu valor monetário, exigência essa contida no modelo contábil atual.

Percebe-se assim que a etapa final de registro e divulgação está baseada em eventos ocorridos, mas não se limita ao que já afetou o patrimônio, engloba também eventos que podem vir a afetá-lo, como mencionado. Isso significa que **o registro e a divulgação** retratam uma posição prospectiva da entidade.

Essas três etapas são sequenciais. A primeira é condição para que ocorram a segunda e a terceira, por sua vez. Exceto no caso de divulgação em nota explicativa de eventos não mensuráveis, quando então a segunda etapa não é aplicável. A figura a seguir ilustra a composição e sequência do processo contábil ora discorrido.

A análise de conceitos de ativo está enquadrada na primeira etapa do processo contábil apresentado. Para que seja possível a identificação do ativo, pressupõe-se o entendimento do que é um ativo. Não seguiremos ainda para a etapa seguinte de mensuração, que será abordada na seção 5.3.

Martins (1973) comparou duas definições de ativo que, no seu entendimento, representavam visões opostas, conforme sumarizado na figura a seguir.

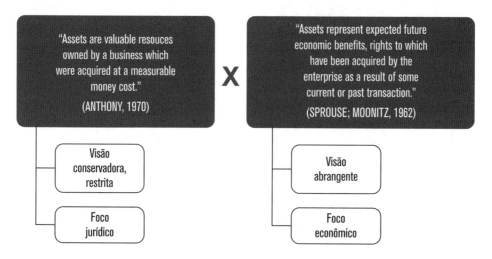

Nota-se que, além de terem visões opostas, uma restrita e outra mais abrangente, o foco dessas definições também é diferenciado: um é mais jurídico e o outro econômico.

Essas diferenças de visão e foco são claramente identificadas nas definições relacionadas anteriormente. Além das mudanças ocorridas, percebe-se que alguns componentes conceituais continuam sendo utilizados, por exemplo, direitos, propriedade, recursos, mensuração e essência econômica. Pode-se então concluir que a permanência desses componentes significa que são fundamentais e estritamente relacionados à natureza de um ativo ou indica que ainda precisamos desenvolver um conceito mais adequado?

Fazendo uma comparação de conceitos de uma mesma fonte, a Fundação Instituto de Pesquisas Contábeis, Atuariais e Financeiras (FIPECAFI), para avaliar o quanto houve de mudança na definição de ativo de uma década para outra, podemos traçar um paralelo semelhante ao que fora efetuado por Martins (1973), conforme a figura a seguir:

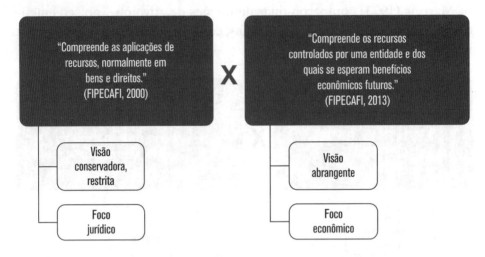

Nessa comparação, percebe-se um caminhar na direção de um conceito de ativo mais abrangente, sem se restringir ao que é contabilizado. O que parece ser bem mais adequado, tendo em vista que as normas contábeis, diretrizes para os registros, estabelecem os ativos que podem ser reconhecidos; logo, os ativos registráveis referem-se a apenas uma parte dos ativos de uma entidade. Nesse contexto, a figura a seguir ilustra a diferença entre as duas visões abordadas nos conceitos de ativo apresentados pela FIPECAFI:

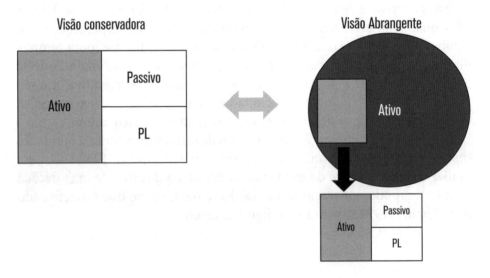

Ao adotar uma visão conservadora, limitando-se aos ativos que hoje podem ser reconhecidos no balanço patrimonial, cria-se uma barreira para a análise de um possível registro de outros ativos ainda não previstos

O ativo e sua mensuração

nas normas contábeis. Essa revisão conceitual e a consequente atualização das normas apenas são possíveis com a adoção de um pensamento mais amplo, utilizando-se de um conceito abrangente que possibilite a melhoria das normas e a sua modernização. Além disso, novas transações e eventos podem surgir, oriundos da própria evolução da sociedade e suas relações humanas, os quais podem ter sua natureza avaliada para assim identificar os ativos que estão envolvidos. Entretanto, isso só é possível caso haja um conceito de ativo abrangente o suficiente para englobá-los.

Outra limitação das normas contábeis refere-se a elementos reconhecidos no balanço patrimonial que na sua essência conceitual são indefinidos, as chamadas **contas de avaliação**, conforme Hendriksen e Van Breda (1999):

> Há elementos que não são ativos, nem passivos, nem patrimônio líquido. Essas **contas de avaliação** incluem a estimativa das contas a receber de pagamento duvidoso, por exemplo. Essas contas não são ativos ou passivos em si mesmas, mas fazem parte do ativo ou passivo a elas associado [grifo nosso].

Hendriksen e Van Breda (1999) complementam sua observação mostrando desconforto quanto a essa indefinição, ao mencionarem: "Embora isso possa ser compatível com o bom senso na maioria dos casos, é desconfortável, do ponto de vista teórico, encontrar elementos essencialmente indefinidos dentro de um sistema". Essa indefinição abre espaço para mudanças futuras quanto ao registro e classificação de contas de avaliação, outro exemplo de como a contabilidade é um campo fértil para pesquisa e geração de conhecimento.

Retomando a análise do conceito de ativo, é interessante constatar o que se mantém e o que muda no decorrer do tempo em relação à visão de autores e pesquisadores do campo da contabilidade. Com essa finalidade, relacionamos a seguir definições de ativo, desde a década de 1920 até publicações recentes e normas contábeis atuais. As palavras em destaque representam componentes do conceito de ativo e foram grifadas com o objetivo de serem analisadas na sequência.

- Qualquer **contraprestação**, material ou não, possuída por uma empresa específica e que tem **valor** para aquela empresa (PATON, 1924 apud IUDÍCIBUS, 2009).

- Qualquer **serviço futuro**, em termos **monetários**, ou qualquer serviço futuro conversível em moeda [...] cujos **direitos** pertencem **legal** ou **justamente** a alguma pessoa ou algum conjunto de pessoas. Tal serviço é um ativo **somente** para essa pessoa ou esse grupo de pessoas que o usufrui (CANNING, 1929 apud HENDRIKSEN; VAN BREDA, 1999).

113

Capítulo 5

- Algo representado por um **saldo devedor** que é mantido após o encerramento dos livros contábeis, na premissa de que representa ou um **direito de propriedade** ou um **valor adquirido**, ou um **gasto realizado** que criou um direito (ATB 1, 1941; 1953 apud IUDÍCIBUS, 2009).

- O **conjunto de meios** ou a **matéria** posta à disposição do administrador para que esse possa operar de modo a conseguir os fins que a entidade entregue à sua direção tem em vista (D'AURIA, 1948 apud IUDÍCIBUS, 2009).

- **Recursos econômicos** possuídos por uma empresa (MEIGS; JONHSON, 1962 apud IUDÍCIBUS, 2009).

- **Recursos econômicos** de uma empresa que são reconhecidos e medidos em conformidade com princípios contábeis geralmente aceitos incluindo certas **despesas diferidas** que não representam recursos (APB 4, 1970 apud HENDRIKSEN; VAN BREDA, 1999).

- **Benefícios futuros** provocados por um agente (MARTINS, 1973).

- *What I own = What I owe + my capital* (MOST, 1977).

- Essencialmente reservas de **benefícios futuros** (HENDRIKSEN; VAN BREDA, 1999).

- Compreende as **aplicações de recursos**, normalmente em **bens** e **direitos** (FIPECAFI, 2000).

- É o **lado esquerdo do balanço** patrimonial, contas resultantes das **decisões de investimentos** (MEGLIORINI; VALLIM, 2009).

- Todos os **bens** e **direitos** de **propriedade** da empresa, **mensuráveis** monetariamente, que representam **benefícios presentes ou futuros** para a empresa (MARION, 2012).

- Representa, de forma estática, os **bens** e os **direitos** da entidade, ou seja, tudo **o que ela possui** e tudo **o que lhe é devido** (SZUSTER et al., 2013).

- Compreende os **recursos controlados** por uma entidade e dos quais se esperam **benefícios econômicos futuros** (FIPECAFI, 2013).

- Um dos elementos diretamente relacionados à **mensuração da posição patrimonial e financeira** no balanço patrimonial (IASB/CPC, 2012).

As palavras destacadas representam características essenciais de ativos conforme a visão desses autores. A figura a seguir apresenta um sumário com tais palavras, considerando algumas adaptações de terminologia, sem mudar o seu sentido.

O ativo e sua mensuração

Dentre essas palavras, seria possível eleger as mais utilizadas ou as que permaneceram por mais tempo sendo utilizadas. No entanto, o objetivo de montar esse sumário é o de analisar quais características são de fato essenciais para um conceito amplo de ativo. Outras palavras também poderiam ser acrescentadas, algo que foi solicitado pelo Prof. Nelson Carvalho na aula de Teoria da Contabilidade.[2] As palavras "instrumento" e "custo de oportunidade" foram acrescentadas e se iniciou então a tentativa de obter uma definição de ativo pelos alunos. A primeira definição obtida foi a seguinte:

Ativo é um instrumento com potencial de gerar benefícios econômicos, que está à disposição da entidade, para atingir os seus objetivos com um custo de oportunidade melhor do que para terceiros.

Em seguida, após discussão de cada parte da definição inicial levantada, com a preocupação de uma definição ampla o suficiente, aplicável a qualquer tipo de ativo, chegou-se ao seguinte conceito: "Ativo são recursos controlados pela entidade com potencial de gerar benefícios."

---

[2] CARVALHO, Nelson. *Teoria da contabilidade*. Disciplina do Mestrado e Doutorado em Controladoria e Contabilidade da Faculdade de Economia, Administração e Contabilidade da Universidade de São Paulo, 2º semestre de 2014.

5.2.1 Ativo – conceito abrangente

Percebe-se que as estruturas conceituais das normas contábeis brasileiras, internacionais e americanas têm adotado uma visão abrangente, em linha com autores conceituados da literatura contábil brasileira. Nesse contexto, destacamos as três características essenciais atualmente mais utilizadas para a definição de ativo e, em seguida, apresentamos as definições consideradas para a identificação dessas características:

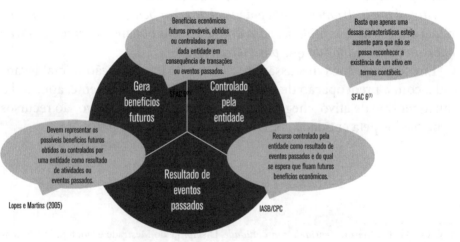

Fonte: (1) Hendriksen e Van Breda (1999)

O ativo e sua mensuração

Haveria, no entanto, uma ordem de importância entre essas três características? Nessa tentativa, levantamos outras definições e características essenciais de ativo, conforme a figura a seguir.

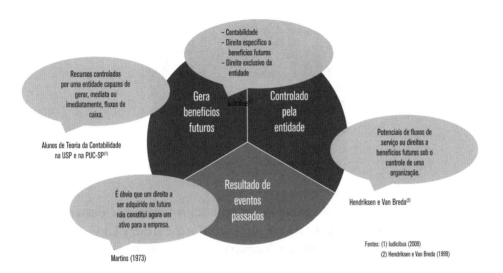

Martins (1973) é enfático ao afirmar que o ativo não pode ser resultado de eventos futuros, e que pelo fato de essa condição ser tão óbvia, nem precisaria mencionar "resultado de eventos passados" no conceito de ativo. Com exceção de Iudícibus (2009), que mencionou a exclusividade como característica adicional, as demais definições abordam apenas as outras duas características essenciais. Nota-se que a característica "resultado de eventos passados" não foi considerada nas definições referidas, fazendo-nos concluir que esta poderia ser a característica de menor peso nesse conjunto.

Seguindo a análise das duas características remanescentes, seria possível eleger a de maior peso? Ao indicar que a contabilidade está envolta por tecido econômico e gerencial, Iudícibus (2009) aborda as duas características essenciais de ativo, geração de benefícios econômicos e controle pela entidade, reforçando a relevância do ativo, conceito esse que talvez se misture com a própria essência da contabilidade. A figura a seguir apresenta a referida citação de Iudícibus e duas citações de Martins (1973) que reforçam o maior peso da geração de benefícios futuros na definição de ativo.

Capítulo 5

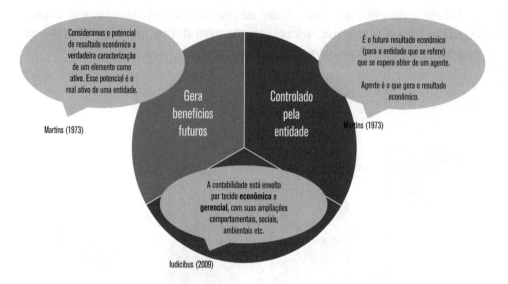

O peso diferenciado da geração de benefícios também é destacado no processo de reconhecimento de um ativo, conforme IASB e CPC. A figura a seguir apresenta um diagrama de decisão montado com base nas exigências desses normatizadores.

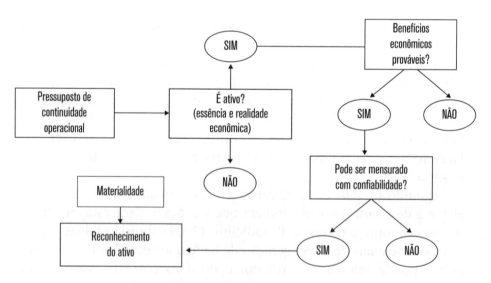

Nota-se que a primeira etapa nesse processo é a identificação do ativo, o entendimento sobre a sua essência e realidade econômica, as quais devem ser condizentes com o conceito utilizado pela norma. Percebe-se assim a necessidade de uma visão abrangente na definição de ativo, o que não implica necessariamente o seu registro contábil. As etapas seguintes são condições estabelecidas pela norma para que haja o reconhecimento, as quais podem mudar posteriormente com revisões da norma. Isso não significa dizer que o conceito de ativo utilizado na norma é imutável, mas implica dizer que, se ele for suficientemente amplo, persistirá em uso por um bom tempo.

Nesse sentido, Hendriksen e Van Breda (1999) enfatizam a necessidade de uma definição abrangente ao mencionar o seguinte: "Na análise da natureza básica de ativos, a ênfase inicial deve residir nas características que são comuns a todos os ativos". Nessa mesma linha, o CPC e o IASB esclarecem que "as definições de ativo e de passivo identificam suas características essenciais, mas não procuram especificar os critérios que precisam ser observados para que eles possam ser reconhecidos no balanço patrimonial".

Conclui-se então que a estrutura conceitual das normas contábeis deve considerar uma definição abrangente de ativo, com o intuito de possibilitar a análise de um possível reconhecimento posterior e de evitar que ativos elegíveis não sejam identificados. Por outro lado, Hendriksen e Van Breda (1999) mencionam a preocupação do risco de as definições do FASB serem tão amplas a ponto de ser improvável que resolvam qualquer discussão a respeito de questões específicas. De fato, quando os normatizadores estabelecem conceitos amplos, pode-se haver uma insegurança por parte dos preparadores e revisores das demonstrações financeiras do caminho a ser seguido. Todavia, o primeiro passo para a apresentação de uma informação fidedigna é considerar os conceitos fundamentais que norteiam a execução de uma boa prática contábil.

Pensando no futuro da contabilidade e na importância dos ativos, haveria espaço para a criação da Demonstração dos Ativos Abrangentes (DAA)? Tal demonstração reduziria a limitação informacional que hoje as demonstrações contábeis possuem?

5.3 Mensuração de ativos

O debate conceitual acerca dos ativos é seguido por outra discussão igualmente relevante que trata da sua mensuração. De modo objetivo, quando se propõe a mensurar algo, procura-se atribuir uma quantidade em uma escala numérica a algum atributo ou característica do objeto de interesse. Antes mesmo de abordar a mensuração contábil, cabe destacar que essa atribuição de quantidade numérica é realizada frequentemente no dia a dia das pessoas ao vender um carro ou um imóvel. Tal tarefa é

Capítulo 5

simplificada devido à existência de tabelas de valores referenciáveis por meio de pesquisas de mercado e outros indicadores.

No entanto, em muitas ocasiões pode-se deparar com algum item cuja atribuição de valor seja mais complexa, sem a ajuda de referências minimamente semelhantes no mercado. Nessas situações, a discussão de métodos e premissas para basear a mensuração é de suma relevância e, havendo negociação do item em análise (por exemplo, ao se realizar uma venda ou permuta), as partes contratantes (comprador e vendedor) potencialmente se utilizarão de métodos e premissas distintas. Desse modo, a explanação a seguir, focada na mensuração contábil e nas principais abordagens relacionadas, desenvolverá o modo como a contabilidade está aparamentada para essa importante tarefa de atribuição de valor.

A mensuração contábil de ativos tem evoluído significativamente de modo a acompanhar a complexidade dos bens e direitos componentes do patrimônio das organizações. Duas importantes contribuições acerca da mensuração contábil estão em Hendriksen e Van Breda (1999) e no CPC 00 (R1), que em síntese explanam tratar-se de um processo de atribuição de montantes monetários a objetos ou eventos associados a uma empresa, por meio dos quais os elementos (ativo, passivo, receitas e despesas) devem ser reconhecidos e apresentados em suas demonstrações financeiras. Assim, tais trabalhos inserem elementos essenciais do estudo da contabilidade: ativo, passivo, receita e despesa. Há que se destacar, também, o processo de divulgação do resultado dessa tarefa de atribuição de montante monetário por meio dos relatórios contábeis, ou seja, o processo de mensuração é seguido pela posterior divulgação aos diversos agentes interessados.

No ambiente corporativo, bens e serviços são negociados usualmente pelos seus respectivos valores monetários, sendo que os preços de troca de mercado tendem a ser muito relevantes por refletirem substancialmente as condições econômico-financeiras daquele objeto de interesse. Nesse sentido, preços históricos têm utilidade como referência do sacrifício de caixa passado *vis-à-vis*, por exemplo, a geração de benefícios seguintes, ou mesmo como base para apuração de tributos. Porém, a utilidade dessa referência de preços históricos é constantemente questionada por correntes acadêmicas adeptas à adoção de métodos alternativos, notadamente o valor justo (*fair value*) (LIHONG; RIEDL, 2014; CARVALHO et al., 2008).

Um aspecto relevante da mensuração contábil diz respeito à identificação dos valores de saída e dos valores de entrada, sendo que os primeiros refletem as entradas/recebimentos de recursos resultantes da atividade econômica da organização (venda de produtos e serviços, por exemplo); enquanto os valores de entrada referem-se aos dispêndios e sacrifícios de recursos pelas entidades para a aquisição de itens (obtenção de matéria-prima para produção, por exemplo). Essa separação é importante para o entendimento do objetivo da mensuração resultante da finalidade com a qual se adquire ou aliena o item de interesse.

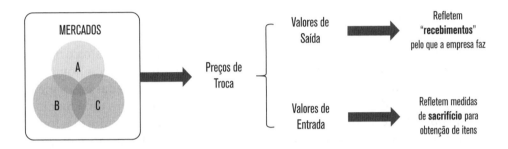

Figura 1 – Representação dos preços de troca para mensuração contábil.

Fonte: Elaborada pelos autores.

5.3.1 Bases de mensuração

Em relação aos valores de entrada, conforme anteriormente explicados, destacam-se a seguir as principais bases de mensuração:

- **Custo histórico:** representa o sacrifício de recursos ocorrido no passado quando houve inicialmente a transação. Identifica-se a utilidade dessa base pela sua objetividade, pois não há com essa abordagem margens significativas de julgamento de valor. Em outras palavras, a mensuração se dá claramente pelas evidências contratuais do momento em que a transação foi efetuada no passado (exemplo de notas fiscais, contratos de compra e venda etc.). Assim, não há a necessidade de inserir premissas de maior subjetividade, como custo de oportunidade do capital investido, nível de inflação ou valor de reposição atual e projetado (futuro). Consequentemente, a desvantagem dessa abordagem decorre preponderantemente dessa ausência de vínculo com os valores de reposição, necessários para recompor os mesmos ativos ou para obter nível semelhante de receita futura (MARTINS, 2000). Desse modo, o uso de custo histórico não resultará em informação rica e útil sobre a capacidade de geração futura de riqueza.
- **Custo histórico corrigido:** em ambientes econômicos com altas variações do poder de compra geral, a utilidade do custo histórico é fortemente

Capítulo 5

debilitada. Consequentemente, modelos que introduzem a correção desse valor pela inflação foram usados por alguns países (por exemplo, Alemanha e Brasil). Nesse sentido, o custo histórico corrigido surgiu para mitigar os efeitos nocivos da inflação na comparabilidade dessa informação contábil resultante da mensuração pelo custo histórico.

- **Custo corrente:** de acordo com Hendriksen e Van Breda (1999), refere-se ao preço de troca que seria exigido hoje para obter o mesmo ativo ou um ativo equivalente. Em outras palavras, o custo corrente representa o preço praticado no mercado em que a empresa adquire seus insumos em um contexto de valores de entradas. Desse modo, outras condições precisam ser levadas em consideração para prospectar o custo corrente adequado, por exemplo, a disponibilidade, qualidade e tecnologia do referido item/ativo. O custo corrente tem se tornado uma das bases mais importantes da contabilidade atualmente, pois consiste em uma medida apropriada de valor justo, resultando em maior utilidade informacional para o usuário externo. No entanto, há margens de discussão acerca do reconhecimento de ganhos e perdas, bem como da relevância dessa base de mensuração quando o ativo é adquirido com o propósito de ser usado até o fim de sua vida útil.

- Uma variante do custo corrente refere-se ao **valor justo**, que, por sua vez, abrange uma combinação de bases de avaliação. O uso de estimativas de valor justo tem o potencial de prover informação mais oportuna sobre as alterações das condições econômicas. Essas estimativas são determinadas com base em três metodologias (nível 1, nível 2 e nível 3), crescentemente subjetivas dependendo das informações disponíveis no mercado no qual o ativo é negociado.

- **Valores realizáveis líquidos:** referem-se basicamente ao preço corrente de saída menos o valor corrente de todos os custos e despesas incrementais. Se forem significantes, as despesas adicionais de cobrança também deverão ser deduzidas. Como desvantagem dessa abordagem, tem-se o caráter arbitrário para estimativa das despesas incrementais. Embora esteja classificado como preço de venda futuro, tem pouca aplicabilidade.

Na categoria dos valores de saída, as bases de mensuração mais relevantes são:

- **Equivalentes correntes de caixa:** exprimem o montante de caixa ou o poder geral de compra que poderia ser obtido com a venda de cada ativo em condições organizadas de liquidação, podendo ser medidos pelos preços cotados de mercado de bens de natureza semelhante e em condições parecidas. Tal metodologia foi amplamente defendida pelo professor australiano Raymond Chambers, o qual indicava como

O ativo e sua mensuração

principal benefício a eliminação da necessidade de agregar preços passados, presentes e futuros, pois representava um conceito único de mensuração para todos os ativos. Porém, uma das principais deficiências era desconsiderar a relevância da informação para as necessidades de predição e tomada de decisões dos usuários, além de excluir itens sem valor presente de mercado.

- **Valores de liquidação:** essa base de mensuração envolve uma venda forçada de determinado ativo, geralmente a preços consideravelmente abaixo do custo, devido às necessidades emergenciais da organização por maior liquidez. Por exemplo, essa abordagem é usada para mercadoria/ativo cuja utilidade normal deixou de existir e quando a empresa decide suspender suas operações.

- **Valores descontados de fluxos de caixa ou capacidade de geração de serviços futuros:** adequada em situações em que haja um período de espera significativo até que ocorram os recebimentos esperados. Essa abordagem visa estimar o valor descontado atual do montante a ser recebido no futuro.

Os principais tipos de ativos são classificados em monetários e não monetários, sendo os primeiros representados por espécie ou equivalentes, bem como recebíveis da organização (por exemplo, as aplicações financeiras e as contas a receber). Já o segundo grupo refere-se aos itens que não serão recebidos ou liquidados em dinheiro (imobilizado é o principal exemplo desse grupo).

Outra classificação relevante refere-se à permanência de um determinado item no balanço da empresa:

- **Ativo circulante:** comumente identificado como aqueles que razoavelmente se espera sua realização em dinheiro ou vendidos/consumidos durante o ciclo operacional usual da empresa. Em outras palavras, tem uma permanência mais curta, atrelada ao ciclo de operação da organização.

- **Ativo não circulante:** refere-se aos itens de maior permanência na empresa, consequentemente sua rotatividade é baixa, já que sua função é permitir a geração de receitas com o seu uso e não pela sua venda. Fazem parte desse grupo:

- **Investimentos:** consistem nas participações e aplicações financeiras de caráter permanente cujo objetivo principal é a **geração de rendimentos** para a empresa, outros fatores estratégicos podem envolver a manutenção desses ativos como maior influência em determinado setor-chave para a companhia por meio de participações societárias.

Capítulo 5

- **Imobilizado:** todos os ativos **tangíveis ou corpóreos de permanência duradoura** na empresa, destinados ao funcionamento normal da sociedade e de seu empreendimento. Sua forma usual de mensuração é pelo seu **custo histórico**, conforme CPC 27, incluindo os custos diretamente atribuíveis para colocar o ativo no local e condições necessárias de funcionamento.

- **Intangível:** refere-se aos bens não corpóreos controlados pela empresa, por exemplo, as marcas e patentes, os direitos autorais, entre outros.

5.3.2 Valor justo: o que é?

O CPC 46 – Mensuração do Valor Justo, parágrafo 2º, apresenta a seguinte definição:

> O valor justo é uma mensuração **baseada em mercado** e não uma mensuração específica da entidade. Para alguns ativos e passivos, pode haver informações de mercado ou transações de mercado observáveis disponíveis e para outros pode não haver. Contudo, o objetivo da mensuração do valor justo em ambos os casos é o mesmo – **estimar o preço** pelo qual uma **transação não forçada** para vender o ativo ou para transferir o passivo ocorreria entre participantes do mercado na data de mensuração sob condições correntes de mercado (ou seja, um preço de saída na data de mensuração do ponto de vista de participante do mercado que detenha o ativo ou o passivo) [grifo nosso].

Essa forma de mensuração baseada em mercado tem sido cada vez mais utilizada e incorporada nas normas contábeis. A grande questão é o quão confiável ela é, tendo em vista que se trata de uma estimativa considerando condições específicas (transação não forçada) e se o valor justo possui conteúdo informacional maior do que o custo histórico, base de mensuração originalmente utilizada e que ainda prevalece.

O CPC 00 – Pronunciamento Conceitual Básico, no parágrafo 4.55, esclarece o seguinte acerca do custo histórico:

> Os ativos são registrados pelos montantes pagos em caixa ou equivalentes de caixa ou pelo **valor justo** dos recursos entregues para adquiri-los **na data da aquisição**. Os passivos são registrados pelos montantes dos recursos recebidos em troca da obrigação ou, em algumas circunstâncias (como, por exemplo, imposto de renda), pelos montantes em caixa ou equivalentes de caixa se espera serão necessários para liquidar o passivo no curso normal das operações [grifo nosso].

Percebe-se por esse parágrafo uma ligação entre custo histórico e valor justo, pois, na data da transação, se esta for efetuada em condições não forçadas, o custo histórico e o valor justo coincidem. Logo, pode-se dizer que nesse primeiro momento os dois possuem o mesmo conteúdo informacional. Entretanto, dificilmente as condições de mercado daquela data permaneceram ao longo do tempo, quando então se iniciará um distanciamento entre o custo histórico e o valor justo. A figura a seguir ilustra essa relação, nos casos em que o valor justo tende a aumentar.

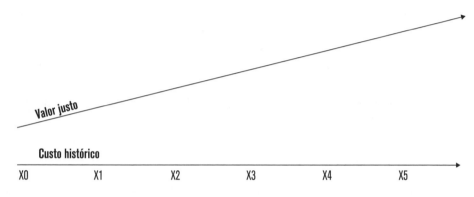

Nos casos de itens do balanço mensurados a custo histórico, o aumento no valor justo não irá afetar o montante registrado; já na situação oposta, de forma conservadora, as normas contábeis estabelecem que seja registrada uma provisão para perda (custo ou mercado, dos dois o menor). Assim, mesmo os itens mensurados a custo histórico poderão ser afetados pela subjetividade da estimativa do seu valor justo.

Teóricos e pesquisadores defendem que o grau de relevância da informação contábil é estabelecido de acordo com a confiabilidade e utilidade dessa informação. O custo histórico é considerado uma forma de mensuração bastante confiável, mas que vai perdendo sua utilidade no decorrer do tempo, ao se distanciar das condições reais. O valor justo mantém a utilidade da informação contábil, ao buscar acompanhar o valor de negociação atual, mas a sua confiabilidade é menor em comparação com o custo histórico, por se tratar de uma estimativa da realidade. De forma lógica, mesmo que essa estimativa não seja totalmente precisa, deverá ser mais próxima das condições reais subsequentes à inicial do que o custo histórico. O ponto é que as estimativas são mais passíveis de manipulação por envolver, muitas vezes, aspectos subjetivos, por isso se questiona o quão confiável de fato é o valor justo.

De acordo com Lustosa (2010), os trabalhos empíricos tendem a apresentar evidências de que a informação de valor é mais relevante, na perspectiva dos usuários, do que a informação de custo. Tal autor defende que isso pode explicar o aumento da utilização do conceito e mensuração a valor justo nos pronunciamentos contábeis.

Por outro lado, o princípio do custo original ou histórico tem sido objeto de questionamentos. Carvalho (2014) deixa clara a sua preferência pelo valor justo ao mencionar que essa é a tendência da mensuração contábil para que se tenha um maior conteúdo informacional. Alguns acadêmicos inclusive condenam esse princípio e propõem uma contabilidade baseada em valor econômico. Solomons (1961) apresenta distinções entre o lucro contábil e o lucro econômico, mostrando sua preferência por este último, defendendo a maior relevância da informação de natureza econômica.

Para Solomons (1961), a medida de sucesso de um projeto está muito mais relacionada à sua capacidade de gerar fluxo de caixa, por meio da ideia de valor presente líquido, por exemplo, do que propriamente pela mensuração do lucro.

5.3.3 Valor presente

Considerando que o valor de um ativo não está atrelado ao que foi gerado por esse item no passado, mas sim à expectativa de benefício futuro decorrente da sua aplicação, faz-se necessário, em diversos casos, comparar essas entradas futuras esperadas em bases correntes.

Assim, quando o preço de venda ou o valor de mercado de um bem ou direito em si não estiver disponível nos mercados acessados pela companhia, uma das alternativas é o uso do valor presente (IFRS 13). Desse modo, essa medida de mensuração representa, em linhas gerais, o acúmulo de benefícios futuros à disposição da empresa para ser usado no processo de troca por recursos monetários correntes, ou seja, em caso de saída desse ativo, precisa-se identificar qual é o seu preço corrente de saída que em muitos casos refere-se à precificação existente no mercado, seja por meio de cotação formal ou estimativas fidedignas, porém em muitos casos em que não haja tais dados, faz-se necessário precificá-lo por meio do valor presente dos seus fluxos de caixa esperados ao longo da sua vida útil. Consequentemente, torna-se uma abordagem interessante para atingir o objetivo de mensurá-lo para uma base corrente de saída.

Riahi-Belkaoui (2004) indica quatro vantagens da mensuração com base no valor presente. São elas:

1. atendimento aos conceitos de custo de oportunidade simplesmente por abranger o valor de venda ou do uso do ativo;

O ativo e sua mensuração

2. fornecimento de informação relevante e necessária para avaliação da liquidez da organização, pois abrange as condições atuais do mercado no qual o ativo é transacionado refletindo assim impactos no valor que tal ativo é negociado. Desse modo, os ativos da empresa são divulgados em montantes líquidos mais próximos da realidade se comparados com os valores de entrada históricos, por exemplo;

3. maior utilidade para avaliação dos gestores em sua função de *stewardship* (mordomo/administrador), já que apresenta os sacrifícios atuais as bases satisfatórias para a determinação do uso e valores desses ativos; e

4. diminuição da arbitrariedade nas alocações de custos com base na vida útil dos ativos, pois estão mensurados e divulgados em base corrente de saída.

No entanto, Hendriksen e Van Breda (1999) indicam que a abordagem do valor presente dos fluxos de caixa seja adequada para avaliação de uma organização como um todo, é questionável a utilidade desse método para ativos individuais, principalmente, pois:

- os recebimentos esperados podem não ser exatos, dependendo de distribuições probabilísticas da sua ocorrência; e
- as taxas de desconto aplicáveis não necessariamente são compreendidas pelos usuários externos, já que muitas das premissas e julgamentos são subjetivos e restritos aos usuários internos.

Por fim, embora tais argumentos desfavoráveis à aplicação do valor presente, este não está em desuso. O arcabouço contábil em voga privilegia a essência sobre a forma no processo contábil, consequentemente, em muitos casos, direciona o contador ou gestor para o julgamento necessário na mensuração contábil de ativos, passivos e componentes do resultado.

Breves conclusões

Neste capítulo inseriu-se o principal conceito da contabilidade financeira, o ativo. É importantíssimo ressaltar que se encontram centradas no ativo todas as expectativas de benefícios econômicos futuros; logo a correta definição desse termo é vital para que não sejam reconhecidos a esse título elementos que não possuem tal condição.

Em síntese, residem na figura dos ativos os recursos geridos por uma organização, naturalmente tais montantes foram originados quer seja por

Capítulo 5

intermédio do capital próprio, quer seja por meio do capital de terceiros. Sendo assim, é esperado que o emprego desses itens resulte no incremento patrimonial. Logo, conforme destacado por Martins (1973), uma forma alternativa de definir ativo é como sendo o recurso futuro esperado de um determinado agente controlado por uma entidade.

Verificou-se também no decorrer deste capítulo que reside na metrificação dos ativos um desafio tão grande quanto o de defini-lo coerentemente. Das múltiplas abordagens analisadas, destaca-se o gênero valor justo, o qual comporta uma série de abordagens e técnicas para aferição de montantes e que muito provavelmente ganhará maior espaço junto a normas específicas de contabilidade societária no futuro, por representar uma ode ao atributo preditivo da informação contábil.

Referências

ANTHONY, R. *Management accounting* – text and cases, 4. ed. R.D. Irwin: Homewood, Illinois, 1970.

CARVALHO, L. N. G.; MURCIA, F. D.; BARRETO, E. Conjectures regarding the adoption of fair value measurements in Brazil. *Revista Contemporânea de Contabilidade (UFSC)*, v. 5, p. 11-28, 2008.

CARVALHO, N. *Teoria da contabilidade*. Disciplina do Mestrado e Doutorado em Controladoria e Contabilidade da Faculdade de Economia, Administração e Contabilidade da Universidade de São Paulo, 2º semestre de 2014.

COMITÊ DE PRONUNCIAMENTOS CONTÁBEIS (CPC). *Estrutura Conceitual para a Elaboração e Apresentação das Demonstrações Contábeis*. Brasília: CPC, 2011a.

_____. *Mensuração do Valor Justo*. Brasília: CPC, 2011b.

FUNDAÇÃO INSTITUTO DE PESQUISAS CONTÁBEIS, ATUARIAIS E FINANCEIRAS (FIPECAFI). *Manual de contabilidade das sociedades por ações*: aplicável às demais sociedades. 5. ed. São Paulo: Atlas, 2000.

_____. *Manual de contabilidade societária*. 2. ed. São Paulo: Atlas, 2013.

HENDRIKSEN, E.; VAN BREDA, M. F. *Teoria da contabilidade*. Trad. da 5. ed. americana por Antonio Zoratto Sanvicente. São Paulo: Atlas, 1999.

INTERNATIONAL ACCOUNTING STANDARDS BOARD (IASB). IFRS – International Financial Reporting Standards n. 13 – Fair Value Measurement, 2011.

_____. *The conceptual framework for financial reporting*. Londres: IASB, 2013.

IUDÍCIBUS, S. *Teoria da contabilidade*. 9. ed. São Paulo: Atlas, 2009.

KAM, V. *Accounting theory*. New York: John Wiley & Sons, 1990.

LIHONG, L.; RIEDL, E. J. The effect of fair value versus historical cost reporting model on analyst forecast accuracy. *The Accounting Review*, v. 89, n. 3, p. 1151-1177, 2014.

LOPES, A. B.; E MARTINS, E. *Teoria da contabilidade* – uma nova abordagem. São Paulo: Atlas, 2005.

LUSTOSA, P. R. B. A. justiça do valor justo: SFAS 157, Irving Fisher e Gecon. *Revista Evidenciação Contábil & Finanças*, v. 5, n. 1, 2010.

MARION, J. C. *Contabilidade empresarial*. 16. ed. São Paulo: Atlas, 2012.

MARTINS, E. Avaliação de empresas: da mensuração contábil à econômica. *Caderno de Estudos da FIPECAFI*, v. 13, n. 24, p. 28-37, 2000.

_____. *Contribuição à avaliação do ativo intangível*. Tese (Doutoramento), EAC-FEA-USP, 1973.

MEGLIORINI, E.; VALLIM, M. A. *Administração financeira*: uma abordagem brasileira. São Paulo: Pearson Prentice Hall, 2009.

MOST, K. *Accounting theory*. Ohio: Grid, 1977.

RIAHI-BELKAOUI, A. *Accounting theory*. 5th ed. Singapore: Cengage Learning, 2004.

SOLOMONS, D. Economic and accounting concepts of Income. *The Accounting Review*, v. 36, n. 3, p. 374-383, 1961.

SPROUSE, R.; MOONITZ, M. A tentative set of broad accounting principles for business enterprise, *Accounting Research Study*, n. 3. American Institute of CPAs, Nova York, 1962.

SZUSTER, N. et al. *Contabilidade geral* – introdução à contabilidade societária. 4. ed. São Paulo: Atlas, 2013.

Estudo de caso

BigBite e HotSnack são as maiores redes de *fast-food* do país e lançaram, em conjunto e em atendimento a uma crescente demanda do mercado por produtos mais saudáveis, uma campanha de publicidade de longo prazo. Para tal, foi contratada uma equipe de profissionais da saúde alimentar para elaborar lanches mais coerentes com um estilo de vida saudável, com

Capítulo 5

diversos nutrientes necessários ao organismo humano e quantidade de calorias adequada para adultos e crianças.

Durante o período de um ano, as vendas desses novos lanches serão registradas, estarão disponíveis para verificação e uso em campanhas promocionais e, ao final do período, serão comparadas. A rede que obtiver o maior valor será a vencedora. Como prêmio, a vencedora terá acesso a uma conta bancária que foi aberta e bloqueada ao início da campanha e na qual cada uma das redes depositou R$ 10 milhões. Essa conta está atrelada a uma aplicação corrigida a uma taxa de 1% ao mês e, após o depósito, as empresas não têm mais acesso a esse dinheiro.

Como parte da competição e ao seu início, cada uma das redes disponibilizará uma de suas marcas de produtos para deliberação da vencedora acerca de qual prêmio preferirá. Esse produto não poderá ser vendido pela detentora da marca durante o período da competição, mas poderá ser usado para fins de promoção da campanha. Ao final da competição, a vencedora deverá escolher entre manter a marca disponibilizada pela empresa derrotada ou ficar com os R$ 20 milhões mais rendimentos durante o ano. Para fins tributários, a participação na promoção é prevista em lei e o desembolso de ambas as empresas se enquadra como doação para fins de cálculo do Imposto de Renda se, e somente se, a empresa vencedora doar todo o prêmio monetário a instituições de caridade. No entanto, essa opção somente poderá ser feita ao final do período da campanha, que se iniciou em 1º de janeiro de 2015 e será considerada finalizada em 31 de dezembro do mesmo ano.

Dado o contexto, pede-se debater a respeito de:

1) Como se dá o reconhecimento e mensuração das marcas disponibilizadas em três momentos:

   i) no lançamento do concurso;
   ii) decorrido metade do prazo e as empresas estiverem tecnicamente empatadas no concurso;
   iii) decorridos 95% do prazo do concurso e a empresa Y tiver obtido vantagem significativa sobre X.

2) Como se dá o reconhecimento do valor depositado na conta bloqueada e dos rendimentos?

3) Os rendimentos de cada parte do depósito são receitas financeiras de cada empresa durante o concurso. Ao final do concurso a empresa perdedora baixa as receitas, transferindo para a ganhadora que obtém a receita equivalente.

O ativo e sua mensuração

4) As condições que permitirão o reconhecimento do benefício tributário oriundo da doação do valor na conta bloqueada, sabendo que nenhuma das empresas sabe se a outra fará a doação do prêmio caso seja vencedora; considerando a alíquota efetiva de 40% de Imposto de Renda e que interessa a ambas as empresas deter o controle de uma marca da outra, discuta o valor desse benefício.

5) O valor contabilizável do prêmio, no caso de a vencedora optar por resgatar o montante bloqueado no banco.

Questões de múltipla escolha

1. Quais são as características mais importantes que compõem a atual definição do conceito de ativo?
   a) Benefícios futuros; propriedade da entidade; resultado de eventos passados.
   b) Propriedade e controle da entidade; resultado de eventos passados; benefícios futuros.
   c) Controle da entidade; benefícios passados; resultados de eventos futuros.
   d) Resultado de eventos passados e presentes; benefícios futuros; propriedade da entidade.
   e) Resultado de eventos passados; controle da entidade; benefícios futuros.

2. Despesa ou ativo? Algumas vezes podem existir nuances referentes a sua classificação. Qual conta a seguir poderia conceitualmente vir a ser caracterizada como uma conta de ativo?
   a) Reparo do teto da Catedral de Notre-Dame.
   b) Serviço de segurança.
   c) Salários de funcionários.
   d) Manutenção regular de uma máquina.
   e) Serviço de telemarketing.

3. Qual alternativa contém apenas opções que têm características essenciais e se enquadram na definição de ativo, fazem parte do balanço patrimonial, mas não aparecem individualmente (_goodwill_)?
   a) Direitos autorais; patentes; banco de dados.
   b) Capital intelectual; reputação da empresa; patentes.
   c) _Know-how_; capital intelectual; reputação da empresa.
   d) Patente desenvolvida internamente na empresa; _know-how_; direitos autorais.
   e) Reputação da empresa; direitos autorais; banco de dados desenvolvido internamente na empresa.

Capítulo 5

4. Assinale a alternativa correta.

a) Se for verificada a existência de fenômeno econômico-financeiro que possui potencial de afetar positivamente o patrimônio da entidade no futuro, tal fenômeno deve ser mensurado e registrado como ativo.

b) A partir dos registros de pesquisas e ensaios acerca da elaboração do conceito de ativo, observa-se que sua forma mais adequada se assemelharia a uma que seja compatível com definições legais historicamente empregadas, sem sacrificar, no entanto, o conservadorismo, em benefício da abrangência na identificação dos ativos.

c) Fenômenos dos quais se esperam benefícios futuros para a entidade devem ser evidenciados como ativos somente se, e sempre que, estiverem sob o controle da mesma entidade.

d) Embora a origem em eventos passados não seja condição suficiente para a existência de um ativo, somente eventos dessa natureza podem fazê-lo.

e) Toda constatação da existência de ativos deve estar prevista e explicitamente descrita em norma específica.

5. Assinale a alternativa mais adequada.

a) Ao observar os ativos evidenciados pela administração de uma companhia, outras partes interessadas chegarão à mesma conclusão quanto aos valores desses ativos, visto que, tendo a mesma companhia como referência, diferentes agentes empregarão critérios semelhantes entre si ao avaliar os números expostos nas demonstrações financeiras.

b) No que tange às informações concernentes ao valor de um ativo existente no balanço patrimonial, sua utilidade não depende do método empregado para concluir acerca do valor registrado e mantém-se constante ao longo do tempo.

c) Valores de ativos mensurados por meio do valor justo possuem maior confiabilidade do que mensurações a valor histórico, visto que valores justos são verificados no mercado, ambiente em que todas as informações relevantes a respeito de qualquer ativo publicamente disponível são incluídas automaticamente na precificação.

d) Embora possam conduzir a valores finais distintos, o valor justo e o valor presente de ativos individuais, em função de que incluem elementos de mercado e de potencial impacto nos fluxos de caixa, constituem os dois métodos mais razoáveis para mensuração do valor de ativos.

e) Todo elemento ou fenômeno que possui potencial de impacto positivo no patrimônio da entidade e que possa ser identificado pode, também, ser mensurado e, portanto, deve ser registrado na seção de ativos do balanço patrimonial.

O ativo e sua mensuração

6. Assinale a alternativa correta.

a) Custo histórico pode se mostrar inadequado em cenários que promovem sua obsolescência e perda de relevância informacional. Embora seja capaz de prover verificabilidade e objetividade ao valor informado, jamais será uma medida razoável de custo corrente para fins de análise gerencial.

b) Uma das principais utilidades do custo futuro é sua comparação com o custo corrente em análises gerenciais. Quanto maior a semelhança entre seus valores, maior será o acerto da análise prospectiva.

c) Custo corrente é uma das melhores *proxies* de valor. No entanto, a informação econômica contida no valor presente líquido dos fluxos de caixa futuros gerados com o ativo avaliado terá maior relevância para a maioria dos *stakeholders* e, por isso, essa forma de avaliação deveria ter preferência na evidenciação contábil.

d) Dado que o valor dos ativos deve representar o valor dos benefícios futuros esperados em decorrência do uso, venda ou manutenção desses ativos, então a manutenção, no balanço patrimonial, do custo histórico de máquinas e equipamentos usados na produção de itens para venda constitui prática correta. Tal se justifica em função de que a fruição dos benefícios futuros, na figura da realização dos fluxos líquidos de caixa esperados e consequente distribuição dos resultados, remunera o patrimônio dos acionistas de forma adequada, não sendo necessário corrigir os valores dos ativos permanentes, nem mesmo para fins de reconstituição do poder aquisitivo da moeda.

e) Estoques devem ser avaliados por seu custo histórico, incluindo os de transformação e colocação. A melhor prática contábil requer que esse custo seja mantido nos registros, mesmo em caso de obsolescência ou danos incorridos, pois reflete o sacrifício financeiro realizado para obter os ativos.

7. Segundo a IFRS 13, quais palavras-chave devem estar presentes na definição de *fair value*?

a) Mercado, custo e retorno.

b) Preço, custo e depreciação.

c) Preço, venda, transferência e mercado.

d) Preço, custo, retorno e amortização.

e) Valor, retorno e *impairment*.

Capítulo 5

8. No momento da mensuração ao valor justo, o que deve ser levado em consideração?:

I) Não é necessário levar as características do ativo em consideração no momento de calcular o valor justo.

II) A localização ou a falta de liquidez do mercado podem inviabilizar a transação.

III) As informações do mercado principal são sempre as que devem ser levadas em consideração, mesmo que este não seja o mercado mais vantajoso.

a) I, II e III são verdadeiras.

b) I e III são verdadeiras.

c) Apenas a III é verdadeira.

d) Apenas a II é verdadeira.

e) Apenas a I é verdadeira.

9. Sobre a hierarquia do valor justo, é possível afirmar:

I) Informações de nível 1 são preços cotados (não ajustados) em mercados ativos para ativos ou passivos idênticos a que a entidade possa ter acesso na data de mensuração.

II) Informações de nível 2 são as calculadas pela entidade em modelos internos com informações não observadas no mercado.

III) Informações de nível 3 são dados não observáveis para o ativo ou passivo.

a) I, II e III são verdadeiras.

b) I e III são verdadeiras.

c) Apenas a III é verdadeira.

d) Apenas a II é verdadeira.

e) Apenas a I é verdadeira.

10. Por que o IASB e o CPC não aceitam que os ativos que compõem o *goodwil* sejam mensurados individualmente, por exemplo, por modelagem?

a) Porque modelagem é só para passivo.

b) Porque modelagem é para casos específicos que são determinados pela lei de cada país. O Brasil ainda não regulamentou esse assunto.

c) Modelagem só é válida para grupos de ativos e não para ativos individuais.

d) Falta de credibilidade no método de mensuração do valor.

e) O IASB e o CPC não aceitam modelagem em hipótese alguma.

Questões para reflexão

- Conceito de ativo
  - O que é (mesmo) ativo?
  - Qual a relação entre a definição legal atualmente existente e a anterior à Lei nº 11.638/2007?
  - Quais seriam as características que dão o contorno de uma definição de ativo?
  - Quais as principais definições existentes?
  - Qual a definição desta classe?

- Mensuração de ativos
  - Quais são os principais critérios de mensuração de ativos?
  - Qual a relação que cada critério possui com o conceito de ativo?
  - Qual a razão da existência de tantos critérios de mensuração? Um só não bastaria?
  - Qual a utilidade de cada um dos critérios de mensuração?
  - *Fair value*: o que é? Ele possui conteúdo informacional maior do que o custo histórico?
  - Valor presente é critério de mensuração? Qual a sua utilidade?
  - *Fair value* e valor presente são sinônimos?

Referências adicionais para aprofundamento

COMITÊ DE PRONUNCIAMENTOS CONTÁBEIS (CPC). *Pronunciamento Conceitual Básico* (R1). Brasília: CPC, 2011.

HENDRIKSEN, E.; VAN BREDA, M. F. *Teoria da contabilidade*. Trad. da 5. ed. americana por Antonio Zoratto Sanvicente. São Paulo: Atlas, 1999. (Capítulos 14 a 18.)

INTERNATIONAL ACCOUNTING STANDARDS BOARD (IASB). *IFRS 13 – Fair Value Measurement*. Londres: IFRS Foundation, 2011. (Particularmente as bases para conclusão. Versão traduzida ao português disponível no *red book* das IFRS editado pelo IBRACON, 2012.)

IUDÍCIBUS, S. *Teoria da contabilidade*. 9. ed. São Paulo: Atlas, 2009. (Capítulos 7, 11 a 13.)

MARTINS, Eliseu. Contribuição à avaliação do ativo intangível. Tese (Doutoramento), EAC-FEA-USP, 1973.

6
Passivo, patrimônio líquido e conservadorismo

EDUARDO FLORES
HELEN CRISTINA SILVA OLIVEIRA
LEIDE VÂNIA MIRANDA MOREIRA
WILLIAM MARTINS DE GOUVEIA

Capítulo 6

6.1 Introdução

No Capítulo 5 estudamos sobre o conceito, a mensuração e o reconhecimento dos ativos. Neste capítulo, estudaremos sobre o passivo e o patrimônio líquido com o objetivo de:

- apresentar as principais definições, características e formas de mensuração do passivo e do patrimônio líquido;
- compreender as principais abordagens do patrimônio líquido;
- explorar a relação de passivo *versus* patrimônio líquido; e
- entender o conceito de conservadorismo.

6.2 Passivo

O balanço patrimonial, classificado entre ativo, passivo e patrimônio líquido, contempla os elementos relacionados com a mensuração dos efeitos patrimoniais e financeiros de uma empresa.

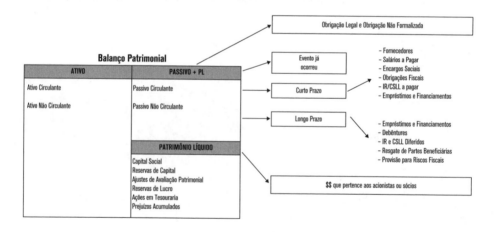

Figura 1 – Composição do balanço patrimonial

Fonte: Iudícibus et al. (2010).

O passivo é frequentemente abordado como uma obrigação da entidade seja no curto ou longo prazo, decorrente de um evento já ocorrido. De acordo com o International Accounting Standard Board (IASB) e o Pronunciamento Conceitual Básico, **passivo** é uma obrigação presente da entidade, derivada de eventos passados, cuja liquidação se espera que resulte na saída de recursos da entidade capazes de gerar benefícios econômicos.

Para o Financial Accounting Standard Board (FASB), passivo apresenta a seguinte definição:

> Sacrifícios futuros prováveis de benefícios econômicos resultantes de obrigação presente de uma dada entidade de transferir ativo ou prover serviços às outras entidades no futuro como resultado de eventos ou transações passadas.[1]

Os autores Hendriksen e Breda (1999) comentam que, por muito tempo, a determinação do lucro corrente (receitas-despesas) foi o foco das discussões, e, como consequência, em 1964 os passivos eram definidos como "obrigações econômicas de uma empresa, reconhecidas e medidas em conformidade com princípios contábeis geralmente aceitos" (1999, p. 284). A definição sintática se devia ao fato de que os créditos tendem a seguir os débitos, e a divulgação de um passivo era dependente do reconhecimento do outro lado da transação; assim, eventos que impactavam o lucro corrente eram considerados mais importantes.

Para Iudícibus (2009), passivo é sinônimo de exigibilidade, definida por John Canning em 1929 como um serviço avaliável em dinheiro, que um proprietário é obrigado a prestar por uma norma legal ou equitativa para uma segunda pessoa ou conjunto de pessoas, desde que não seja uma compensação incondicional por serviços específicos de igual ou maior valor monetários devidos por essa segunda pessoa ao proprietário. Iudícibus (2009) ainda utiliza a definição de exigibilidade cunhada por Hatfield em 1927 de que em um sentido são subtraendos dos ativos, ou ativos negativos. Seria lógico, portanto, preparar um balanço no qual as exigibilidades totais fossem subtraídas dos ativos totais, deixando no lado direito do balanço meramente os itens que representam a propriedade.

6.2.1 Características específicas dos passivos

Hendriksen e Breda (1999) elencam as características específicas dos passivos:

1. A **obrigação existe**, ou seja, existem um compromisso legal, irrefutável, e a responsabilidade do presente com uma ou mais entidades.

---

[1] "Liabilities are probable future sacrifices of economic benefits arising from present obligations of a particular entity to transfer assets or provide services to other entities in the future as a result of past transactions or events."

2. Não é possível **evitá-la**, pois a obrigação compromete a entidade com sacrifício futuro e não pode haver nenhuma liberdade por parte do devedor para evitá-la.
3. O evento já **ocorreu**, ou seja, a transação que obriga a entidade já aconteceu, o valor determinável de vencimento da transação pode ser estimado e o beneficiário conhecido ou identificável.

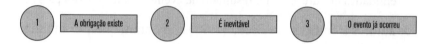

6.2.2 Mensuração e reconhecimento

O passivo que aparece no balanço patrimonial passou por algumas etapas preliminares como a mensuração e o reconhecimento. Hendriksen e Breda (1999) e Wolk Tearney e Dodd (1997) afirmam que o reconhecimento deve obedecer às regras do FASB SFAC 5 e uma obrigação deve ser reconhecida como passivo somente quando quatro critérios gerais forem atendidos:

1. Corresponde à definição de passivo.
2. A transação pode ser mensurável ou razoavelmente estimada.
3. É relevante – a informação faz diferença na decisão do usuário.
4. É precisa – a informação é representada com fidelidade, é verificável e neutra.

Vale ressaltar que, conforme Hendriksen e Breda (1999), o reconhecimento de uma exigibilidade depende do reconhecimento do outro lado da transação – **despesa**, perda ou recebimento por parte da empresa de um ativo específico –, e caso um passivo não possa ser mensurado com confiança, a entidade deve divulgá-lo em Nota Explicativa. Para Iudícibus (2009), o principal problema do passivo não se refere a sua definição ou mensuração, mas sim em quando reconhecê-lo e registrá-lo.

Passivos são obrigações que exigem sacrifícios ou pagamentos futuros e, para a maioria dos passivos, o momento de reconhecimento é definido, pois a obrigação refere-se a um contrato em que a data e o valor estão especificados ou são determináveis. Existem, porém, casos em que os pagamentos estão atrelados a eventos futuros, como uma possibilidade de perda, portanto o passivo deve ser reconhecido nas demonstrações financeiras se houver razoável estimação do valor.

6.2.3 O que são contingências?

É uma situação existente que envolve um conjunto de incertezas de que possivelmente ocorrerá uma perda no futuro, a depender da ocorrência ou não de evento(s) futuro(s).

Provisão é um passivo que possui prazo ou valor incertos e somente é reconhecida se atender às seguintes condições:

1. uma obrigação presente existe;
2. é provável que ocorra a saída de recursos;
3. o valor da obrigação pode ser razoavelmente estimado.

6.2.4 O que é passivo contingente?

Exigibilidade contingente é uma obrigação que pode surgir, dependendo da ocorrência de um evento futuro. Segundo Hendriksen e Breda (1999), o FASB, por meio da SFAS 5, assim a define:

> É uma condição ou situação existente, um conjunto de circunstâncias envolvendo **incerteza** quanto a ganhos ou perdas possíveis... que será finalmente dirimida quando um ou mais eventos futuros ocorrerem ou deixarem de ocorrer. A resolução da incerteza poderá confirmar a existência de um passivo.

No Brasil, o Comitê de Pronunciamentos Contábeis (CPC), no Pronunciamento Técnico 25, definiu que passivo contingente é: (i) uma obrigação possível que resulta de eventos passados e cuja existência será confirmada apenas pela ocorrência ou não de um ou mais eventos futuros incertos não totalmente sob controle da entidade; ou (ii) uma obrigação presente que resulta de eventos passados, mas que não é reconhecida porque:

1. não é provável que uma saída de recursos que incorporam benefícios econômicos seja exigida para liquidar a obrigação; ou
2. o valor da obrigação não pode ser mensurado com suficiente confiabilidade.

6.2.5 Reconhecimento passivo contingente?

O reconhecido no Passivo deve ocorrer somente se for provável uma saída de benefícios econômicos futuros exigidos para um item previamente tratado como passivo contingente. A provisão deve ser reconhecida nas

Capítulo 6

demonstrações contábeis do período no qual ocorre a mudança na estimativa da probabilidade.

O passivo deve ser divulgado em Nota Explicativa caso a entidade não reconheça um passivo contingente, e a menos que seja remota a possibilidade de uma saída de recursos que incorporam benefícios econômicos.

6.3 Patrimônio líquido

O patrimônio líquido é usualmente definido como a diferença entre o valor dos ativos e o dos passivos, que é valor contábil pertencente aos sócios ou acionistas.

> Ativo – Passivo = Patrimônio Líquido

Para o FASB, o IASB e o CPC, por meio do Pronunciamento Conceitual Básico, o patrimônio líquido representa o interesse residual nos ativos da entidade depois de deduzidos todos os seus passivos.

6.3.1 Principais fontes do patrimônio líquido

Iudícibus (2009) destaca que o patrimônio líquido possui quatro principais fontes. São elas:

1. valores líquidos pagos por acionistas;
2. excesso de lucro líquido sobre dividendos pagos;
3. valores resultantes de correções de ativos;
4. vários tipos de reserva de capital.

Resumidamente, podemos assumir que as transações do patrimônio líquido podem ser classificadas em: transação de capital e transação relacionada com o lucro (resultado abrangente).

6.3.2 Divisão do patrimônio líquido

A Lei nº 6.404/76 é a base legal que determina os grupos de conta formados pelo patrimônio líquido.

Capital social – Refere-se à incorporação de capital, ou seja, investimento efetuado na companhia pelos acionistas, e conta não só os valores entregues

Passivo, patrimônio líquido e conservadorismo

pelos acionistas na constituição da empresa como também os valores obtidos pela sociedade que foram incorporados ao capital social.

Reservas de capital – Referem-se à transação de capital com os sócios, ou seja, são constituídas com valores recebidos e que não transitam pelo resultado como receitas, por se referirem a reforço de seu capital, sem ter como contrapartida qualquer esforço da empresa em termos de entrega de bens ou de prestação de serviços.

Reservas de lucros – Referem-se a valores que transitaram pelo resultado e estão retidos para alguma finalidade.

Ajuste de avaliação patrimonial – Refere-se a aumentos ou diminuições de valor atribuídos a elementos do ativo e do passivo, em decorrência da sua avaliação a valor justo.

Ações em tesouraria – Referem-se a ações adquiridas pela própria sociedade.

Prejuízos acumulados – Referem-se a prejuízos acumulados da entidade. A partir da Lei nº 11.638/2007 a conta de lucros acumulados não pode apresentar saldos no balanço patrimonial para as sociedades por ações, portanto deve ser utilizada apenas para receber o resultado do período e destiná-lo de acordo com as políticas da empresa. Assim, todo o lucro das S/A deverá ser destinado por meio de: pagamento de dividendos e constituição de reservas de lucros.

6.3.3 Passivo e patrimônio líquido

Para Iudícibus (2009), existem algumas características que diferem patrimônio líquido de exigibilidade: primeiramente, existe prioridade no recebimento, ou seja, os credores têm prioridade em relação aos acionistas no recebimento de juros e amortizações do principal. Em segundo lugar, os montantes devidos aos credores normalmente podem ser determinados com objetividade e antecipadamente. Os acionistas, por sua vez, para o recebimento de dividendos, dependem da existência de lucro, condições financeiras da entidade e determinação formal quanto à distribuição. Por fim, as datas de vencimento das exigibilidades usualmente podem ser determinadas, o patrimônio líquido, porém, não é uma obrigação legal para a entidade em continuidade.

6.3.4 Principais abordagens do patrimônio líquido

Segundo Hendriksen e Breda (1999), as teorias dos direitos de propriedade baseiam-se no direito de participação ou direitos de acionista sob

Capítulo 6

uma entidade. São teorias utilizadas para descrever o relacionamento da empresa e seus proprietários sem a pretensão de atribuir a uma ou outra maior efetividade e base única de avaliação.

6.3.5 Teoria da propriedade

Apresenta o proprietário como o foco e existe pouca distinção entre entidade e proprietário, ou seja, os ativos representam os bens e direitos do proprietário; os passivos são suas obrigações; os lucros líquidos, aumento de propriedade e adição ao patrimônio do proprietário; e despesas representam decréscimos à sua riqueza. Essa teoria se enquadra melhor às empresas pequenas geridas pelo proprietário, em que o patrimônio da entidade e o do proprietário se entrelaçam em uma relação pessoal. Em alguns momentos, as sociedades por ações refletem implicitamente a teoria da propriedade, por exemplo, o lucro líquido ser considerado lucro líquido dos acionistas.

Ativo – Passivo = Proprietário

6.3.6 Teoria da entidade

Nesta teoria, a entidade tem vida própria, a definição legal e a pessoa jurídica existem separadamente do interesse e da propriedade dos sócios, bem como possuem o propósito de continuidade independentemente da vida de seus proprietários. A sociedade por ações identifica-se melhor com essa teoria, pois a existência da separação entre empresa e proprietário permite independência. Assim, os ativos representam os direitos da empresa no recebimento de bens e serviços; os passivos, as exigibilidades da empresa; e o lucro líquido é avaliação líquida do patrimônio dos acionistas, mas não é considerado de modo direto lucro dos acionistas.

Ativo = Obrigações + Patrimônio líquido

6.3.7 Teoria de direitos residuais

A abordagem desta teoria ressalta que o acionista não é o proprietário da entidade, porém possui direitos específicos, seja como acionista preferencial ou ordinário. A equação da teoria implica que os ativos da entidade subtraídos dos direitos específicos, que são os direitos dos credores e acionistas preferenciais, resultam nos direitos residuais, ou seja, em caso de liquidação da empresa os acionistas ordinários detêm direitos residuais sobre o lucro da empresa e sobre os ativos líquidos. Dessa forma, a teoria prioriza os acionistas ordinários com o objetivo de proporcionar melhor informação para a tomada de decisões sobre investimento e predição de dividendos futuros.

> Ativos – Direitos Específicos = Direitos residuais

6.3.8 Teoria empresarial

Nesta teoria a empresa é vista como uma instituição social representando vários grupos de interesse, como acionistas, credores, governo, funcionários, entre outros, podendo ser considerada uma teoria social da contabilidade. A aplicação dessa teoria na sociedade por ações ressalta a importância da entidade no contexto social, incluindo a responsabilidade na divulgação das informações contábeis, focando não somente os acionistas, mas considerando outros grupos de interesse.

6.4 Passivo *versus* patrimônio líquido

A contabilidade tem várias áreas polêmicas. Uma delas ainda é o desenho da linha que separa um instrumento de dívida (passivo) e um instrumento de patrimônio.

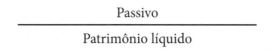

Avaliando instrumento por instrumento, em alguns casos, o desenho da linha pode ser fácil e em outros não. Por exemplo, uma ação deve ser classificada no passivo ou no patrimônio líquido? A resposta mais correta para essa pergunta é: "depende". Para que possamos concluir, é necessário ler os termos do contrato/instrumento. Não podemos nos deixar levar, por exemplo, pela nomenclatura de um instrumento.

6.4.1 Dívida ou patrimônio?

Os dois mais importantes emissores de normas contábeis, o IASB (normas internacionais sobre relatórios financeiros) e o FASB (normas contábeis

Capítulo 6

norte-americanas), em sua estrutura conceitual básica, apesar de ter a substância governando a classificação de um instrumento financeiro como de dívida ou de patrimônio, há forte ênfase na forma contratual. Isso porque, embora em geral a substância governe a classificação do instrumento, é difícil concluir sobre essa substância sem entender sua forma.

Portanto, para determinar a classificação de um instrumento financeiro devemos: avaliar o contrato; olhar cada um dos termos separadamente e, depois, em conjunto.

Especialmente no caso de classificação como passivo, obrigação de pagar caixa é chave!

Isso não significa ir contra o princípio da prevalência sobre a forma. Aliás, o debate da essência sobre a forma não é novo, notadamente em países de *code law*, de tradição de direito romano-germânico, como é o caso do Brasil, forma e substância, não raro, estiveram em campos opostos.

Não importa ao contador a mera observância de determinada forma estabelecida pelo direito privado quando esta (a forma) pela sua essência, em termos econômicos, representar negócio diverso do que aquele estabelecido pelas partes.

Um bom e popular exemplo da convivência pacífica do direito e da contabilidade, especificamente quanto ao conceito da prevalência da substância sobre a forma, é o da classificação contábil de um dado arrendamento como financeiro. Não há nessa situação sobreposição da contabilidade sobre o direito, mas a aplicação de cada regra no seu campo específico de atuação.

Figura 2 – Pagamento mandatório ou discricionário?

Conforme já mencionado neste capítulo, a estrutura conceitual básica brasileira, incluída no Pronunciamento CPC 00, traz as seguintes definições de passivo e de patrimônio líquido:

- **Passivo** é uma obrigação presente da entidade, derivada de eventos passados, cuja liquidação se espera que resulte na saída de recursos da entidade capazes de gerar benefícios econômicos.
- **Patrimônio líquido** é o interesse residual nos ativos da entidade depois de deduzidos todos os seus passivos (abordagem da teoria do proprietário).

Baseando-se nesses conceitos, os pronunciamentos contábeis que tratam de instrumentos financeiros deram maior orientação para ajudar aos usuários a entender melhor a diferença entre um instrumento de dívida e um de patrimônio, quando essa diferença não é tão óbvia.

Umas das mais simples orientações nesse sentido foi a de que "será patrimônio se não for passivo".

Para nos ajudar na teoria, vamos tomar emprestado as definições existentes nas normas contábeis que tratam de instrumentos financeiros, que em tese foram elaboradas considerando a estrutura conceitual básica.

O item 11 do CPC 39 (IAS 32) define como instrumento patrimonial "qualquer contrato que evidencie uma participação nos ativos de uma entidade após a dedução de todos os seus passivos".

Complementarmente, o item 16 do mesmo CPC 39 diz que, quando um emitente aplicar as definições do item 11 para determinar se um instrumento financeiro é um instrumento patrimonial em vez de um passivo financeiro, o instrumento será um instrumento patrimonial se, e somente se, estiver de acordo com ambas as condições (a) e (b) a seguir:

(a) o instrumento não possuir obrigação contratual de: (i) entregar caixa ou outro ativo financeiro a outra entidade; ou (ii) trocar ativos financeiros ou passivos financeiros com outra entidade sob condições potencialmente desfavoráveis ao emissor.

(b) se o instrumento será ou poderá ser liquidado por instrumentos patrimoniais do próprio emitente.

De uma maneira simplificada, no conceito puro do *framework*, CPC 00, os passivos são caracterizados pelos seguintes elementos:

- obrigação presente;
- evento passado;
- (expectativa de) saída de recursos.

Capítulo 6

Patrimônio líquido

- interesse residual (na teoria do proprietário, "ativo – passivo").

6.4.2 Instrumentos compostos

Há casos em que um instrumento financeiro emitido é composto e possui tanto características patrimoniais como de dívida. Nesse caso, deve segregar os dois elementos e apresentá-los separadamente. Exemplo desse tipo de situação ocorre com uma debênture conversível em um número fixo de ações.

Os itens 28 e 29 do CPC 39 ajudam a entender esse contexto de instrumento híbrido ou composto.

28. O emitente de instrumento financeiro não derivativo deve avaliar os termos do instrumento financeiro para **determinar se ele contém tanto um passivo quanto um componente de patrimônio líquido**. Tais componentes devem ser **classificados separadamente** como passivos financeiros, ativos financeiros ou instrumentos patrimoniais de acordo com o item 15.

29. A entidade deve reconhecer separadamente os componentes de instrumento financeiro que (a) **crie um passivo financeiro da entidade e (b) conceda opção ao titular do instrumento de convertê-lo em instrumento patrimonial da entidade.** Por exemplo, um título ou instrumento similar conversível pelo titular em um número fixo de ações ordinárias da entidade é um instrumento financeiro composto. Sob a perspectiva da entidade, tal instrumento compreende dois componentes: um passivo financeiro (acordo contratual de entregar caixa ou outro ativo financeiro) e um instrumento patrimonial (opção de compra concedendo ao titular o direito, por período específico de tempo, de convertê-la em número fixo de ações ordinárias da entidade). O efeito econômico da emissão desse tipo de instrumento é essencialmente o mesmo da emissão simultânea de instrumento de débito com cláusula de liquidação antecipada e contrato com garantia (*warrant*) de compra de ações ordinárias, ou da emissão de instrumento de débito com garantia (*warrant*) destacável da compra de ações. Assim, em todos os casos, a entidade deve apresentar o passivo e os componentes do patrimônio líquido separadamente nas suas demonstrações contábeis de encerramento do período ou do exercício.

Observe que a previsão de conversão tem que ser em um número fixo de ações da entidade. Qual a lógica? A predeterminação da quantidade de ações já dá ao detentor das ações um "direito residual" sobre a entidade, um "risco de patrimônio". Por exemplo, se o valor da ação da empresa triplicar, o detentor da opção se beneficia disso (valor residual) e ao mesmo tempo, se exercer essa opção, a entidade não entregará caixa, mas ações de sua própria emissão.

Instrumento composto

Debênture conversível

Dois componentes de instrumento financeiro:

    (a) um passivo financeiro;
    (b) um instrumento de patrimônio.*

* Opção do titular do instrumento de convertê-lo em instrumento patrimonial da entidade. Essa conversão deve ser por um número fixo de ações da entidade.

Na figura a seguir vamos trabalhar com alguns exemplos de como a regra do fixo por fixo funciona na prática.

Regra do fixo por fixo

Caixa	Ações	Classificação
→	↰	Passivo
⤳	←	Passivo
→	←	Patrimônio

No primeiro caso há o direito de receber tantas ações quanto forem necessárias para honrar um passivo de R$ 10 milhões. No segundo caso, a

Capítulo 6

quantidade de ações é fixa. Essa alteração é fundamental para que se determine o limite exequível por parte do credor em detrimento do devedor.

6.4.3 O patrimônio líquido é um passivo contra os acionistas?

Patrimônio líquido não é um passivo, é um valor residual.

Segundo Hendriksen e Breda (1999), a grande diferença entre obrigações e patrimônio líquido é que a avaliação dos direitos dos credores pode ser determinada separada ou independentemente de outras avaliações (com bom grau de solvência), enquanto os direitos dos acionistas são mensurados pela avaliação dos ativos, originalmente investidos, mais a avaliação dos lucros reinvestidos e as reavaliações subsequentes dos ativos. Uma teoria importante aqui é a **teoria da entidade**, que requer o tratamento dos ganhos e lucros de negócio como lucro da entidade em si, até que a transferência para os participantes individuais tenha sido feita por uma declaração de dividendos.

No caso de ações resgatáveis, fundos de investimento e alguns títulos perpétuos, em geral, atendem a características de passivos e assim devem ser classificados. Mas os termos contratados é que irão determinar a classificação. Voltamos à pergunta original: ações devem ser classificadas como passivo ou patrimônio? A resposta mais conservadora sempre será "depende", pois a forma jurídica por si não deverá determinar a natureza econômica destes instrumentos de captação de recursos, sob o risco de uma inversão causal típica dos erros contábeis crassos...

6.4.4 Obrigação estatutária *versus* contratual

O foco das normas sobre instrumentos financeiros é a **existência de um contrato**. Ou seja, ao avaliar se um instrumento é um passivo, parte-se do pressuposto de que existe um contrato que obriga a entidade a pagar. Quando não há contrato, ou seja, a obrigação derivou de lei, por exemplo, então é uma obrigação chamada de "estatutária" e não contratual. Nesse caso, estamos fora do escopo da norma sobre instrumentos financeiros e precisamos avaliar a questão sob outra ótica, outros pronunciamentos. Por exemplo, Imposto de Renda a pagar, nos termos do CPC 39 – Instrumentos Financeiros: Apresentação. A seguir extraímos do texto da norma a explicação da exclusão:

> CPC 39: AG12. Ativos e passivos que não são contratuais (como os tributos sobre a renda que são criados por leis aprovadas ou sancionadas pelo governo) não são ativos ou passivos financeiros. A forma de contabilização dos tributos

150

Passivo, patrimônio líquido e conservadorismo

sobre a renda é tratada no Pronunciamento CPC 32 – Tributos sobre o Lucro. De forma similar, as obrigações não formalizadas, conforme definidas no Pronunciamento Técnico CPC 25 – Provisões, Passivos Contingentes e Ativos Contingentes, as quais não se originam de contratos e não constituem passivos financeiros.

Especialmente no Brasil e em alguns países, esse assunto envolve uma discussão mais ampla com efeito generalizado. O ponto aqui é que a Lei das Sociedades por Ações prevê pagamento de dividendos mínimos obrigatórios. Se tem obrigação de pagar, então seria na teoria passivo. Mas por não ser contratual, não atende à definição de passivo financeiro.

Para entender melhor, vamos imaginar que uma empresa norte-americana (Microsoft) anualmente pague dividendos. Ao comprar uma ação da Microsoft, o investidor tem uma expectativa válida de que haverá pagamento de dividendos. Nesse caso, na prática, a existência de uma obrigação estatutária de pagamento de dividendos mínimos ou uma descrição da política de dividendos de uma companhia norte-americana têm pouca diferença. No fundo, tanto o investidor nos EUA quanto no Brasil tem expectativa de receber. Mas o que se prega é que essa expectativa é residual, ou seja, baseada em resultados da entidade.

A previsão do pagamento de dividendos em estatuto ou na política de dividendos é muito mais uma definição do *modus operandi* do que uma obrigação em si. Além disso, o pagamento de dividendos não deixa de ser uma participação residual e, portanto, mais próxima do conceito de patrimônio do que de dívida.

Obrigação estatutária ou contratual?

A Lei das S.A. prevê o pagamento de dividendos mínimos obrigatórios.

Atualmente, há duas interpretações sobre a leitura dos dividendos mínimos obrigatórios:

(a) essa previsão faria com que as ações fossem classificadas como passivo integral ou em partes, nos termos do CPC 39 – IAS 32; ou
(b) essa previsão é considerada estatutária e não contratual e, dessa forma, fora do escopo do CPC 39.

Muito potencialmente o entendimento (b) é o que vem prevalecendo nas companhias brasileiras.

Capítulo 6

Para termos uma ideia prática da polêmica da classificação de um instrumento como dívida ou instrumento de patrimônio, vejamos, por exemplo, casos de companhias brasileiras abertas que tiveram de reapresentar suas demonstrações contábeis em virtude de terem emitido títulos híbridos e registrado tais montantes como PL em um momento inicial. Entretanto, as áreas técnicas da Comissão de Valores Mobiliários (CVM) compreenderam que tais instrumentos deveriam ser apresentados como passivo e, por conseguinte, determinando o refazimento das demonstrações contábeis. Dentre os argumentos apresentados no memorando da Superintendência de Normas Contábeis da Comissão de Valores Mobiliários (SNC-CVM), entre outros aspectos, destacou que um instrumento, para que possa ser considerado patrimonial, deve: (i) representar um interesse residual na companhia (item 11 do CPC 39); e (ii) não implicar obrigação de entrega de caixa (item 16, (a), (i), do CPC 39).

6.4.5 Interesse residual

As Notas Perpétuas não representam um interesse residual simplesmente porque estão subordinadas a todos os passivos, com preferência em caso de liquidação somente em relação aos títulos patrimoniais. Um dos principais postulados da contabilidade é o da continuidade da empresa. Para análises e registros contábeis, os acontecimentos do curso normal dos negócios da companhia devem prevalecer sobre os fatos que ocorreriam com sua liquidação.

As Notas Perpétuas são residuais somente na liquidação da companhia. No curso normal dos negócios, na sua continuidade, as notas são instrumentos de dívida, que fazem jus a uma remuneração fixa anual de 9,5% sobre seu valor de face, cuja exigibilidade não está condicionada à existência de lucros naquele exercício ou mesmo nos subsequentes.

No que diz respeito à obrigação de **entrega de caixa**, apresentasse o seguinte problema: ter sob seu controle a possibilidade de diferir o pagamento de uma obrigação contratual não significa que não exista uma obrigação. Ao contrário, o diferimento é só uma alternativa entre pagar agora e pagar mais tarde, via de regra, arcando com algum custo por ter exercido a opção de pagar mais tarde. Assim, a possibilidade de diferir não altera a existência nem mesmo a natureza da obrigação, altera somente o momento do pagamento. A obrigação contratual de entregar caixa persiste ainda que o pagamento possa ser adiado.

A crença de que é de total discricionariedade da empresa pagar dividendos acima do obrigatório vai contra a lógica do regime de retenção de lucros e pagamento de dividendos da Lei nº 6.404/76.

A linha que separa um passivo financeiro de um instrumento de patrimônio líquido pode muitas vezes ser tênue. Ainda hoje, mesmo com a aplicação das teorias contábeis envolvendo a classificação dos instrumentos, há muita dúvida sobre a classificação de diversos instrumentos entre dívida e patrimônio. Entendemos que a aplicação das teorias existentes na contabilidade para essa classificação deve passar necessariamente pelo ambiente legal e societário de cada país. No caso do Brasil, decidimos em 2010 pela adoção das normas internacionais de relatório financeiro (IFRS), mas ainda cabe uma análise criteriosa da relação entre os instrumentos patrimoniais como definidos na norma internacional e aqueles previstos na legislação societária brasileira. A certeza é de que não pode haver um instrumento em que, ao mesmo tempo, o detentor o veja como passivo da entidade emissora e o emissor o veja como instrumento de patrimônio. Tem que haver uma simetria teórica e prática na sua classificação, do ponto de vista do detentor e do emissor.

6.5 Conservadorismo

O conservadorismo é um dos mais antigos princípios ou convenções da contabilidade. Está presente na maioria dos sistemas contábeis. Por isso, pode-se concluir que haja uma razão econômica para sua existência.

O termo **conservadorismo** é usado com o significado de prudência na contabilidade. Ou seja, ser conservador na contabilidade significa ser prudente.

Iudícibus et al. (2010) afirmam que o conservadorismo é um elemento vocacional da profissão, a fim de disciplinar o entusiasmo natural de alguns donos e administradores.

De acordo com o FASB, em seu *Statement of Financial Accounting Concepts No. 2*, o conservadorismo pode ser compreendido como uma reação prudente à incerteza para tentar assegurar que riscos inerentes em situações de negócios sejam adequadamente considerados.

Se duas **estimativas** de valores a receber ou a pagar no futuro são igualmente possíveis, o conservadorismo indica que se deve utilizar a menos otimista. O que não significa a mais pessimista, ou o que é internacionalmente conhecido como *worst case scenario*.

Capítulo 6

Há um sentimento de que o uso da prudência em um chamado ceticismo saudável constrói confiança nos resultados e, a longo prazo, melhor serve a todos os diferentes interesses.

Diversas são as evidências que apontam para a presença do conservadorismo no processo de geração da informação contábil, seja no sistema legal, o qual Ball, Kothari e Robin (2000) classificaram *code law 1* e *common law 2*, sendo este com características menos conservadoras e aquele com características mais conservadoras. No tocante ao ambiente legal, o modelo *code law* é costumeiramente dotado de maior conservadorismo *vis-à-vis* o *common law*.

A contabilidade em países de *code law* dá aos administradores considerável discrição ao fazer as diversas estimativas. Em anos bons, podem reduzir o lucro reportado superestimando as despesas (depreciação excessiva, provisões para perdas, PDD) ou subestimando as receitas (diferindo parte dela) ou mesmo transferindo os fundos para uma reserva. Essas técnicas colocam receitas em um "banco" para o futuro. Em anos ruins, aumentam o resultado revertendo para o nível normal as estimativas contábeis.

6.5.1 Conservadorismo *versus* neutralidade

O ponto é que o conservadorismo tende a conflitar com a qualidade das informações, especialmente com a apresentação fidedigna, a neutralidade e a comparabilidade. A seguir está a descrição de por que o IASB, na última revisão de seu *framework*, decidiu excluir o conservadorismo dos princípios aplicáveis na elaboração de relatórios financeiros.

> A característica prudência (conservadorismo) foi também retirada da condição de aspecto da representação fidedigna por ser inconsistente com a neutralidade. Subavaliações de ativos e superavaliações de passivos, segundo os Boards mencionam nas Bases para Conclusões, com consequentes registros de desempenhos posteriores inflados, são incompatíveis com a informação que pretende ser neutra [CPC 00 (R1)].

Na ocasião da revisão do *framework* da norma internacional, Hans Hoogervorst, *chairman* do IASB, em um discurso sobre o conceito de prudência, referiu-se à revisão do *conceptual framework* e ao fato de que esse processo está sujeito a intensas controvérsias. Uma delas está relacionada com o conceito de prudência.

Em 2010, como descrito acima, na revisão dos primeiros capítulos do *framework*, o conceito de prudência foi substituído pelo de neutralidade. O *framework* assim definia:

Passivo, patrimônio líquido e conservadorismo

Prudência consiste no emprego de um certo grau de precaução no exercício dos julgamentos necessários às estimativas em certas condições de incerteza, no sentido de que ativos ou receitas não sejam superestimados e que passivos ou despesas não sejam subestimados.

Qual o problema com essa definição? Segundo Hoogervorst, "absolutamente nada". A definição diz basicamente que em caso de dúvida sobre o valor de um ativo ou passivo, é melhor fazer um exercício de prudência, cuidado. Isto é simples uso do senso comum, o que se deve aplicar no nosso dia a dia. O ponto é que embora o conceito seja bom, em tempos de: *vacas gordas* – lucros são artificialmente diminuídos (pode-se perder bons investimentos!); *vacas magras* – lucros são artificialmente aumentados (pode-se mascarar a deterioração da performance da empresa). E aí, o conservadorismo foi colocado em xeque.

É importante destacar que a ideia de prudência é contrária ao conceito de neutralidade exigido na preparação das demonstrações contábeis, podendo levar à subestimação de ativos e superestimação de passivos.

Mas apesar de a convenção da prudência ter sido removida do *framework*, ela ainda aparece em alguns pronunciamentos contábeis:

- CPC 23/IAS 8 – ao falar sobre situações em que, na ausência de norma contábil, é necessário que a administração desenvolva uma, o CPC 23 reforça que essa política contábil deve resultar, dentre outros aspectos, em informação que seja confiável, de tal modo que as demonstrações contábeis sejam **prudentes**;
- CPC 04/IAS 38 – no item 93 reforça que a vida útil de ativo intangível pode ser muito longa ou até indefinida. A incerteza justifica a **prudência** na estimativa da sua vida útil, mas isso não justifica escolher um prazo tão curto que seja irreal;
- CPC PME/IFRS SME – ao tratar das **características qualitativas de informação em demonstrações contábeis**, a convenção da prudência ainda está lá tal como no *framework* antes da revisão de 2010.

6.5.2 Prudência ou assimetria de ganhos e perdas?

Ball (2001) escreveu que "Há argumentos de que é mais fácil pedir indenização por perdas causadas por perdas escondidas do que por ganhos escondidos". A afirmação desse autor acabou legitimando ainda mais a aplicação do conservadorismo. É muito mais difícil algum investidor, e principalmente um emprestador, questionar a administração por estar

155

sendo prudente. Afinal, quem não conhece o ditado: "Prudência e caldo de galinha não fazem mal a ninguém"?

O que é pior:

Comprar uma ação por 30 que valia 25, se a perda tivesse sido revelada?	ou	Vender uma ação por 25, que valia 30, se o ganho tivesse sido revelado?

> Por que não seria melhor para a segurança jurídica de um país impor o reconhecimento tempestivo de ambos, ganhos e perdas?

Watts (2003) apresenta quatro possíveis explicações para o surgimento do conservadorismo contábil. São elas:

- monitoramento de contratos;
- probabilidade de ocorrência de litígios;
- impacto tributário;
- consequências políticas para o organismo regulado.

Dentre as quatro possíveis explicações, a função contratual do conservadorismo é a mais usualmente utilizada e estudada empiricamente.

6.5.3 Tipos de conservadorismo

Em trabalhos sobre questões contratuais, há diversos estudos sobre esse tema, sendo o mais renomado deles de Ball, Robin e Sadka (2008). O objetivo desse estudo foi investigar se o conservadorismo é uma resposta às demandas do mercado de dívida ou investidores (acionistas).

Para isso, o entendimento do papel do conservadorismo na eficiência dos contratos depende da distinção entre os dois tipos de conservadorismo: condicional e incondicional.

O **conservadorismo incondicional** é aquele que está relacionado com as normas contábeis, independentemente do lucro econômico (componente não discricionário). Em geral surge da prática de reconhecer despesas maiores mais cedo e diferindo reconhecimento de receita.

O **conservadorismo condicional** está relacionado com as escolhas contábeis dos gestores (componente discricionário).

Ball, Robin e Sadka (2008) concluem que o conservadorismo condicional (reconhecimento assimétrico de perdas) existe para eficiência dos contratos no mercado de dívida. Eles não identificaram uma correlação com o mercado de patrimônio/ações. Estudos posteriores (BALL; KHOTARI; ROBIN, 2000, dentre outros) confirmaram essa conclusão, de que os ganhos nos contratos surgem somente do conservadorismo no sentido da assimetria do tempo de reconhecimento de uma perda, e não do conservadorismo incondicional no simples senso de reportar números menores.

Em suma, a prudência ou conservadorismo é um conceito que ainda está vivo ou já está morto e enterrado? Podemos concluir com o discurso de Hans Hoogervorst (2012), sobre a retirada do termo prudência/conservadorismo do *framework*:

> Eu acredito que é absolutamente vital que nossos pronunciamentos resultem em informação que é tão neutra quanto possível. Um viés sistêmico em direção ao conservadorismo diminui o valor do resultado contábil como um indicador de desempenho. Eu também demonstrei meu entendimento para o fato de que o IASB sentia uma necessidade de ser completamente não ambíguo sobre esse assunto ao remover o conceito da prudência de nosso *framework*.

Apesar do referido discurso e da retirada de fato desse conceito do *framework*, a realidade é que ainda há muita discussão ao redor desse tema e, em algum momento, ele deverá ser discutido para tentar trazê-lo de volta, quem sabe, de uma maneira tal que não confronte com a neutralidade. Assim como se discute a aplicação do custo histórico ou do valor justo como melhor base de mensuração de ativos e passivos, o modelo de negócio e o ambiente econômico de cada empresa ou país podem determinar que, em alguns casos, a aplicação do conceito da prudência seja tão importante, ou mais, quanto o da neutralidade.

Breves conclusões

Uma das mais relevantes conclusões deste capítulo decorre da existência ou não da figura do patrimônio líquido. Na definição de Martins (1973), o conceito de ativo está relacionado com o potencial de resultado econômico que se espera obter de um agente, e esse potencial é o real ativo de uma entidade. Na visão de Iudícibus (2009), os passivos ou exigibilidades representam, na realidade, ativos negativos, na medida em que sua contrapartida

Capítulo 6

se encontra nos ativos; assim, na pureza dos conceitos, teríamos ativos e ativos negativos (passivos), não existindo o patrimônio líquido sob o enfoque estritamente contábil. O PL seria, então, uma ficção jurídica estabelecida como marco legal para referenciar as relações de uma pessoa jurídica junto aos seus investidores.

Esse argumento ganha robustez na medida em que o patrimônio líquido na estrutura conceitual do IASB é definido como um ativo residual. Há um destaque especial para essa linha de definição estabelecida pelo normatizador internacional, sobretudo pela percepção de que o PL é um ponto de tangencia a contabilidade societária e o direito societário. Veja-se, por exemplo, a regulamentação das reservas de lucros que decorre ou do estatuto/contrato social das organizações ou da Lei Societária vigente.

Referências

BALL, Ray; ROBIN, Ashok; SADKA, Gil. Is financial reporting shaped by equity markets or by debt markets? An international study of timeliness and conservatism. *Review of Accounting Studies*, v. 13, n. 2-3, p. 168-205, jan. 2008.

BREDA, M. F. V.; HENDRIKSEN, E. S. *Teoria da contabilidade*. São Paulo: Atlas, 1999.

COMITÊ DE PRONUNCIAMENTOS CONTÁBEIS (CPC). *Estrutura Conceitual para a Elaboração e Apresentação das Demonstrações Contábeis*. Brasília: CPC, 2011.

HOOGERVORST, Hans. The concept of prudence: dead or alive? *FEE Conference on Corporate Reporting of the Future*, Bruxelas, 18 set. 2012.

INTERNATIONAL ACCOUNTING STANDARDS BOARD (IASB). *The Conceptual Framework for Financial Reporting*. Londres: IASB, 2013.

IUDÍCIBUS, S. *Teoria da contabilidade*. São Paulo: Atlas, 2009.

_____; MARTINS, E.; GELBCKE, E. R.; SANTOS, A. *Manual de contabilidade societária*. São Paulo: FIPECAFI; FEA-USP, 2010.

MARTINS, Eliseu. *Contribuição à avaliação do ativo intangível*. Tese (Doutoramento), EAC-FEA-USP, 1973.

WATTS, R. L. Conservatism in accounting part I: explanations and implications. *Accounting Horizons*, v. 17, n. 3, p. 207-221, sep. 2003

WOLK, H. I.; TEARNEY, M. G.; DODD, J. L. *Accounting theory*: a conceptual and institutional approach. South-Western Pub., 1997.

Estudo de caso 1

A Construtora EFG House S.A. atua no ramo de construção civil, sendo uma das maiores construtoras de prédios residenciais e comerciais. Uma de suas obras em particular, um prédio residencial com 196 apartamentos, teve início em 20X6 com expectativa de entrega da obra em **Novembro/20X8.** Nessa data, a construtora já havia vendido 85% dos apartamentos. No entanto, durante a construção, a empresa enfrentou alguns contratempos, e no prazo da entrega da obra, a empresa se encontrava com diversos fatores que necessitavam de julgamento dos contadores à luz da teoria e das normas vigentes de contabilidade.

A área da construção continha algumas árvores nativas que deveriam ser preservadas, mas duas árvores foram mortas. A prefeitura local, preocupada com a preservação da área verde da cidade, fiscaliza esse tipo de incidente aplicando as medidas cabíveis, inclusive com autuação de multa. Por conta da morte das árvores, a prefeitura não havia liberado o "habite-se" até Novembro/20X8, data de entrega dos apartamentos. Nessa mesma data, ainda não havia sido feita vistoria referente às mortes das árvores e não tinha agenda de quando ocorreria a vistoria; a empresa não tinha como estimar com confiabilidade o valor da provável autuação da prefeitura referente à morte das árvores.

Entretanto, no contrato de compra e venda dos apartamentos, a construtora havia colocado uma cláusula que poderia haver um atraso de seis meses de entrega, sem que tivesse que pagar multa aos compradores.

Passados os seis meses, em Maio/20X9, data final conforme os contratos individuais com cada comprador para entrega dos apartamentos, a situação não havia evoluído em termos de liberação legal e fiscal dos órgãos competentes, e a prefeitura não havia liberado o "habite-se". No entanto, a obra estava pronta, então a empresa EFG House convocou uma reunião com os futuros condôminos e moradores para explicar a situação, e fazer algum acordo, e decidiu, mesmo sem o documento legal de "habite-se", entregar os apartamentos, de forma a evitar a multa com os compradores e futuros moradores. Diversos compradores ficaram insatisfeitos, assim a construtora se comprometeu em pagar os condomínios até a liberação do documento, sendo que não havia então uma data prevista para a liberação do documento por parte da prefeitura. Mas a expectativa da construtora era ter que fazer futuros pagamentos de condomínio aos novos moradores por pelo menos seis meses.

Capítulo 6

Apesar da liberação dos apartamentos, alguns moradores continuaram insatisfeitos e inconformados e muitos entraram com diversos processos contra a construtora, os quais se dividiram: parte dos processos foi avaliada como perda possível, remota, e outra como provável.

O prazo de garantia da construção do prédio, da área comum e dos apartamentos individuais é de cinco anos. A empresa, com base em dados históricos, é capaz de estimar com certa segurança os valores que poderão ser desembolsados para honrar a garantia pelos próximos cinco anos.

No final de 20X9, em dezembro, a prefeitura vistoriou o caso das árvores e lavrou um auto de infração, aplicando as multas cabíveis e exigindo remoção das árvores em até doze meses, bem como o replantio de mais 2.000 árvores na cidade vizinha no prazo de seis meses.

Em 2X11, as pastilhas dos prédios começaram a cair e a empresa teve que arcar com os custos de reforma, refazendo toda a parte externa dos quatro prédios do condomínio, o que aconteceria novamente em 2X13, obra que durou mais um ano até 2X14. Com isso, em 2X15 a entidade está operando com prejuízo e considera encerrar suas atividades no ramo de construção residencial, dedicando-se somente à construção de prédios comerciais. A empresa está fazendo as estimativas dos gastos e ainda não formalizou os planos aos acionistas.

Com base no caso relatado e à luz da teoria da contabilidade, incluindo as normas vigentes do CPC 25, que trata de provisões e passivos contingentes e oferece critérios de reconhecimento, **responda** às **questões a seguir, justificando sua resposta**.

1) Há algum passivo ou provisão a ser reconhecido no ano de 20X8?

2) Quais os passivos, provisões e contingências identificados e que devem ser reconhecidos no ano 20X9?

3) No ano de 20X9, com a entrega da obra, o contrato estabelece cinco anos de garantia a partir da data de entrega. A empresa tem um passivo nessa data? Qual é o tipo de passivo e como deve ser feita a mensuração, a cada ano ou de uma única vez?

4) Com base na teoria da contabilidade e no conceito de passivos, por que a provisão mesmo com prazos e valores incertos é considerada um passivo?

5) Quanto à morte das árvores, quais passivos e provisões a empresa deve reconhecer?

6) Explique por que a empresa deve ou não reconhecer o passivo de provisão com reestruturação.

Passivo, patrimônio líquido e conservadorismo

Estudo de caso 2

Quanto à distinção entre passivo e patrimônio líquido, Hendriksen e Breda (1999) diz que: "Passivos são sacrifícios futuros prováveis de benefícios econômicos resultantes de obrigações presentes. O patrimônio dos acionistas é o que sobra após subtrair passivos de ativos." Com essa definição em mente, propõe-se o seguinte caso:

A empresa Substância S.A. passa por um momento de crise financeira e estuda meios de captação de recursos a curto prazo. Após a deliberação da diretoria e a aprovação dos acionistas, decidiu-se pela emissão de ações preferenciais de resgate obrigatório; com isso, a empresa julgou que conseguiria suprir suas necessidades de curto prazo sem ter de manter novos acionistas a longo prazo. Ficou definido como prazo de resgate quatro anos. Sendo assim, a empresa registrou o aporte de capital em seu patrimônio líquido.

Tendo em vista a definição de passivo e patrimônio líquido e a discussão sobre títulos híbridos, com base na teoria contábil, discorra sobre o registro contábil realizado. Ele é o mais apropriado para a situação?

Questões de múltipla escolha

1. Em relação às características do passivo, assinale a alternativa correta:
   a) A extinção do passivo ocorre somente com a saída e liquidação monetária.
   b) Se existe a obrigação, deve ser reconhecido o passivo; mesmo que o valor não seja mensurável com confiabilidade, faz-se uma estimativa para o balanço.
   c) Há obrigação presente, o evento já ocorreu, e a saída de recursos que geram benefícios econômicos futuros é provável.
   d) Os passivos decorrem somente de obrigações legais ou formais.
   e) Quando as obrigações não podem ser mensuradas com confiabilidade, não atendem ao conceito de passivo.

2. Quanto ao reconhecimento contábil e às características do passivo, assinale a alternativa incorreta:
   a) A obrigação quando é presente e não pode ser mensurada com confiabilidade, deve ser divulgada somente em Notas Explicativas.
   b) Quando a obrigação é possível, mas não é provável a saída de benefícios econômicos futuros, deve ser reconhecida como provisão, atendendo ao conservadorismo.
   c) A provisão é caracterizada como um passivo cuja obrigação tem valor e os vencimentos são incertos.

Capítulo 6

    d) Quando a obrigação é possível, mas a saída de recursos é remota, o passivo não deve ser reconhecido nas demonstrações contábeis.

    e) Caracteriza-se como passivo contingente quando a obrigação depende de confirmação de eventos futuros.

3. A respeito de passivo, provisões e passivo contingente, assinale a alternativa correta:

    a) Provisão deve ser reconhecida quando a saída de recursos é provável e o valor pode ser mensurado com confiabilidade.

    b) O passivo contingente deve ser reconhecido nas Notas Explicativas, quando a saída de recursos que geram benefícios econômicos é provável.

    c) O passivo contingente refere-se a evento futuro.

    d) Os passivos contingentes nunca devem ser reconhecidos nas demonstrações contábeis, uma vez que dependem de eventos futuros que nunca venham a se realizar.

    e) Os passivos contingentes são sempre reconhecidos nas demonstrações contábeis.

4. Quanto à característica de patrimônio líquido, assinale a alternativa correta:

    a) Refere-se a transações derivadas somente pelos acionistas.

    b) O capital social refere-se somente a aportes feitos pelos acionistas.

    c) As reservas de lucro significam valores livres para distribuição de dividendos.

    d) A conta Reserva de lucros refere-se a lucros retidos por algum motivo.

    e) O patrimônio líquido refere-se ao passivo com os sócios, no sentido de que representa obrigações com os acionistas.

5. Quanto às teorias referentes ao patrimônio líquido, assinale a alternativa correta:

    a) A teoria da propriedade tem como foco que a entidade e os sócios têm vida independente.

    b) A teoria da entidade tem como centro da contabilidade o proprietário e considera que os lucros aumentam o patrimônio dos sócios.

    c) Tanto a teoria da propriedade quanto a teoria da entidade consideram que a entidade e os sócios têm vida separada e independente da empresa, em congruência à continuidade da empresa.

    d) A teoria de direitos residuais considera que o acionista é proprietário da entidade, tendo direito sobre os ativos.

    e) A teoria empresarial considera a empresa como o interesse de vários grupos.

6. Conforme apresentando neste capítulo, existem algumas características que diferem patrimônio líquido de exigibilidade (passivo). Assinale a alternativa correta:

    a) Os credores não apresentam prioridade no recebimento de juros e amortizações do principal.

Passivo, patrimônio líquido e conservadorismo

b) Os montantes devidos aos credores normalmente não podem ser determinados com objetividade e antecedência.

c) As datas de vencimento das exigibilidades usualmente podem ser determinadas, no entanto, o patrimônio líquido não é uma obrigação legal para a entidade em continuidade.

d) Para o recebimento de dividendos, os acionistas não dependem da existência de lucro, de condições financeiras da entidade ou determinação formal quanto à distribuição.

e) Todas as alternativas estão incorretas.

7. Assinale a alternativa correta quanto aos requisitos na diferenciação entre um instrumento financeiro ou patrimonial.

a) Caracteriza-se como passivo se o instrumento não possuir obrigação contratual de entrega de ativos ou caixa.

b) A caracterização como instrumento patrimonial tem como premissa a participação nos ativos de uma entidade, depois de deduzidos todos os seus passivos.

c) Quando há a possibilidade de liquidação do instrumento por instrumentos financeiros, caracteriza-se como passivo.

d) A caracterização como patrimônio líquido leva em conta o interesse residual e a expectativa de saída de recursos que geram benefícios econômicos futuros.

e) Quando o instrumento é hibrido, a classificação deverá ser escolhida entre um dos dois componentes, ou passivo, ou patrimônio líquido, de acordo com o julgamento do contador.

8. Quais as principais características a serem observadas para a devida classificação de um instrumento financeiro no passivo ou no patrimônio líquido?

a) Avaliar atentamente o contrato, analisar cada um dos termos separadamente e posteriormente em conjunto e analisar os pronunciamentos contábeis vigentes que tratam de instrumentos financeiros para maior orientação.

b) A devida classificação de instrumentos financeiros como dívida ou patrimônio requer uma análise criteriosa das normas contábeis do IASB e do FASB em sua estrutura conceitual básica, priorizando a forma (contratos) e não a essência das transações.

c) Se a transação refere-se a uma obrigação presente da entidade derivada de eventos passados, e cuja liquidação se espera que resulte na saída de recursos da entidade capazes de gerar benefícios econômicos, deve ser reconhecida como um passivo, não havendo a necessidade de analisar criteriosamente o documento contratual.

d) A entidade não deve reconhecer separadamente os componentes de instrumento financeiro que criem um passivo financeiro para a entidade e deve conceder opção ao titular do instrumento de convertê-lo em instrumento patrimonial da entidade.

e) Todas as alternativas estão corretas.

Capítulo 6

9. A respeito do princípio do conservadorismo, assinale a alternativa incorreta:

a) É um dos princípios ou convenções mais antigos da contabilidade.

b) Ser conservador em contabilidade normalmente significa ser prudente.

c) Se duas estimativas de valores a receber ou pagar no futuro são igualmente possíveis, deve-se usar a mais otimista.

d) O sentimento do uso da prudência traz mais confiança a longo prazo.

e) Estudos mostraram que a contabilidade em países de *code law* traz maior margem de "administração" dos resultados dependendo do ano.

10. Conservadorismo significa:

a) O mesmo que relevância da informação contábil.

b) Representação fidedigna dos relatórios contábil-financeiros.

c) O mesmo que consistência, conforme a Estrutura Conceitual Básica.

d) Um termo usado com o significado de prudência na contabilidade.

e) Informação disponível para tomadores de decisão a tempo de poder influenciá-los.

11. Em relação ao conservadorismo, assinale a alternativa correta:

a) O conservadorismo condicional é aquele que está relacionado com as normas contábeis, enquanto o conservadorismo incondicional está relacionado com as escolhas contábeis dos gestores.

b) O conservadorismo ou prudência leva à antecipação de ganhos.

c) O conservadorismo incondicional está relacionado com as escolhas contábeis dos gestores.

d) O conservadorismo condicional refere-se à prática de reconhecimento de valores desfavoráveis constantemente, diferindo o reconhecimento da receita.

e) O conservadorismo condicional é estimulado pelo mercado de capitais, no sentido de que é mais fácil pedir indenização por perdas causadas por perdas escondidas do que por ganhos escondidos.

12. De acordo com este capítulo, o conservadorismo tende a conflitar com a qualidade das informações, especialmente com a apresentação fidedigna, a neutralidade e a comparabilidade. O IASB decidiu excluir, na última revisão de seu *framework*, o conservadorismo dos princípios aplicáveis na elaboração de relatórios financeiros. Identifique a alternativa correta que apresenta argumentos contra a remoção do termo.

a) É inconsistente com o conceito de neutralidade, conforme argumentação de Hans Hoogervorst, *chairman* do IASB.

b) Pode ser desejável para contrapor viés otimista da administração, resultar no reconhecimento de ativos e ganhos de existência incerta e não reconhecimento de possíveis passivos e perdas, e possível aumento do uso de mensurações a valor corrente.

Passivo, patrimônio líquido e conservadorismo

c) Tende a subavaliar os ativos ou receitas e superavaliar os passivos ou despesas.

d) Não existem normas específicas que apresentam a essência do significado de conservadorismo evidenciando a falta de influência do termo.

e) Todas as alternativas estão corretas.

13. Utilizando como referência o estudo de Watts (2003) exibido neste capítulo, assinale a alternativa que apresenta as possíveis explicações para o surgimento do conservadorismo contábil.

a) Monitoramento de contratos, probabilidade de ocorrência de litígios, impacto tributário e consequências políticas para o organismo regulado.

b) Uso excessivo de premissas otimistas e provisionamento.

c) Exagerado viés otimista nos julgamentos contábeis.

d) Constante prática de suavização de resultado.

e) Utilização de técnicas contábeis para o gerenciamento de resultados.

Questões para reflexão

- Passivo
  - O que é passivo?
  - Passivo é necessariamente uma obrigação incondicional?
  - Se um passivo deve ser líquido e certo, então contingências não são passivos?

- Patrimônio líquido
  - O que é patrimônio líquido?
  - De fato, patrimônio líquido nem sequer existe?
  - Justifique qualquer resposta *sim* ou *não*. Quais seriam as características que dão o contorno das definições de um e outro?
  - Quais as principais definições existentes?
  - Qual a relação entre o conceito de manutenção de capital (físico *versus* financeiro) e o patrimônio líquido?

- Passivo *versus* patrimônio líquido
  - O patrimônio líquido pode ser visto como um passivo em relação aos sócios (a influência da "subordinação")?
  - E os títulos patrimoniais que se parecem com dívidas? E os títulos de dívidas que se parecem com patrimônio?

Capítulo 6

- Conservadorismo
  - Qual a diferença entre conservadorismo e prudência?
  - Se *accounting follows economics*, é relevante ao usuário que a contabilidade seja conservadora, isto é, más notícias (passivos e despesas) mais rapidamente reconhecidas do que boas notícias (ativos e receitas)?
  - Acionistas e credores querem as mesmas coisas?
  - Qual a visão de Stanford sobre relevância e conservadorismo?
  - Qual a crítica de Wharton à visão centrada no mercado de capitais dada por Stanford?
  - Como entender então a ocorrência de conservadorismo? Conservadorismo: perfil psicológico ou racionalidade econômica (*behavioral accounting*)?

Referências adicionais para aprofundamento

BALL, Ray. Infrastructure requirements for an economically efficient system of public financial reporting and disclosure. In: LITAN, Robert E.; HERRING, Richard. *Brooking-Wharton papers on financial services*. Massachusetts: Brookings, 2001.

_____; ROBIN, Ashok; SADKA, Gil. Is accounting conservatism due to debt or share markets? A test of "contracting" versus "value relevance" theories of accounting. *Working Paper*. University of Chicago. Disponível em: <http://faculty.chicagobooth.edu/ray.ball/research/Papers/Is%20Conservatism%20Due%20to%20Debt%20or%20Equity%20Markets%202005-02-27.pdf>. Acesso em: 29 ago. 2017.

BALL, R.; KOTHARI, S. P.; ROBIN, A. The effect of international institutional factors on properties of accounting earnings. *Journal of Accounting and Economics*, v. 29, n. 1, p. 1-51, 2000.

BARTH, Mary E.; BEAVER, William H.; LANDSMAN, Wayne. The relevance of value relevance literature for financial accounting standard setting: another view. *Journal of Accounting and Economics*, v. 31, p. 77-104, 2001.

BREDA, M. F. V.; HENDRIKSEN, E. S. *Teoria da contabilidade*. São Paulo: Atlas, 1999. (Capítulos 19, 20, 22 e 23.)

COMITÊ DE PRONUNCIAMENTOS CONTÁBEIS (CPC). *Estrutura Conceitual para a Elaboração e Apresentação das Demonstrações Contábeis.* Brasília: CPC, 2008.

IUDÍCIBUS, S. *Teoria da contabilidade.* São Paulo: Atlas, 2009. (Capítulos 8 e 10.)

LAFOND, Ryan; WATTS, Ross L. The information role of conservatism. *The Accounting Review,* v. 83, n. 2, p. 447-478, 2008.

7

Receitas, despesas, ganhos, perdas e lucros

DAIANA BRAGUETO MARTINS
EDUARDO FLORES
LUDMILA DE MELO SOUZA
MAIARA SASSO
MARTHA REGINA MEIRA BIANCHI

Capítulo 7

7.1 Apresentando as contas de resultado

As contas de resultado – Receitas e Despesas, Ganhos e Perdas – são essenciais para o desenvolvimento e apresentação do lucro da entidade. O lucro possui um componente informacional de alto valor para os mercados corporativos, sendo considerado uma sinalização do valor da empresa, seguindo a Hipótese de Mercados Eficientes.

Utilizando os conceitos das contas de resultado trazidos por Hendriksen e Van Breda (1999), a despesa é o custo incorrido para a geração de receitas, que, por sua vez, se refere a um aumento do lucro em seu nível mais fundamental. Por outro lado, os ganhos e perdas são os componentes de variação que não estão relacionados à atividade produtiva da entidade: as perdas não ocorreram no esforço de produzir receitas, e os ganhos são retornos não esperados, desvinculados das atividades geradoras de receita.

A importância de definir conceitualmente as contas de resultado está relacionada à construção do próprio conceito de lucro, segundo Hendriksen e Van Breda (1999). Por essa definição, pode-se distinguir o capital aplicado na entidade e o lucro gerado em suas atividades. A medição do lucro possui objetivos específicos de relevância para a continuidade da entidade mensurada: o lucro é uma medida de eficiência da empresa, é instrumento de predição de seus investimentos realizados e medida de desempenho para suas decisões gerenciais. Tal importância do lucro nas corporações é ressaltada por Milton Friedman (1985) ao afirmar que gerar lucro é a função social das empresas. Segundo o economista, se os dirigentes da empresa tivessem outros objetivos que não fossem relacionados a maximizar o lucro, os acionistas não saberiam se a gestão da empresa estaria representando seus interesses.

7.1.1 Receita

Nesta seção iremos percorrer as diferentes definições de receita, visando demonstrar como o termo evoluiu ao longo das últimas décadas e a sua vital relevância para operacionalização contábil.

7.1.1.1 Conceitos existentes

As definições de receita trazidas por órgãos reguladores e outras instituições muitas vezes apresentam dificuldades em tratá-la de modo conceitual, confundindo sua operacionalização com a própria definição. Hendriksen e Van Breda (1999) trouxeram o conceito concebido pelo *Financial Accounting Standards Board* (FASB), que definia receita como entrada ou aumento de ativos, ou ainda liquidação de passivo decorrente da entrega da produção

Receitas, despesas, ganhos, perdas e lucros

de bens ou prestação de serviços pela entidade. Para a *Accounting Principles Board* (APB), a receita é definida pelo aumento bruto de ativo ou redução de passivos reconhecidos e medidos pelo *Generally Accepted Accounting Principles* (GAAP). Com base nesses conceitos, ressalta-se o foco na definição voltado exclusivamente à prática contábil, e ainda uma confusão entre a **entrega** do produto e o **reconhecimento** da receita. A receita também é definida pela consequência trazida nas contas patrimoniais e no aumento do patrimônio dos acionistas, sem considerar que outros eventos, além da geração de receita, possam ter o mesmo impacto nas contas patrimoniais.

O conceito trazido por Iudícibus (2009, p. 152) é uma definição extensa e complexa, na tentativa de abranger as características teóricas e operacionais de receita:

> Receita é a expressão monetária, validada pelo mercado, do agregado de bens e serviços da entidade, em sentido amplo (em determinado período de tempo), e que provoca um acréscimo concomitante no ativo e no patrimônio líquido, considerado separadamente da diminuição do ativo (ou do decréscimo do passivo) e do patrimônio líquido provocados pelo esforço em se produzir tal receita.

Essa definição também ressalta a importância de considerar a receita de forma independente à despesa, uma vez que a confrontação das contas de resultado resultará na apuração do lucro contábil da entidade.

Entretanto, o Pronunciamento Técnico do Comitê de Pronunciamento Contábil (CPC) 30 (2009, p. 718) traz uma definição na qual é evidenciada a necessidade de diferenciar o capital próprio das receitas geradas no curso das atividades da entidade:

> Receita é o ingresso bruto de benefícios econômicos durante o período observado no curso das atividades ordinárias da entidade que resultam no aumento do seu patrimônio líquido, exceto os aumentos de patrimônio líquido relacionados às contribuições dos proprietários.

Apesar de o CPC 30 (2009) apresentar uma distinção entre receitas e ganhos, para que na demonstração do resultado os valores inseridos como receita sejam "somente os ingressos brutos de benefícios econômicos recebidos e a receber pela entidade quando originários de suas próprias atividades" (p. 718), na estrutura conceitual inserida no CPC 00 (R1) (2011, p. 41), a receita abrange também os ganhos:

> A definição de Receita abrange tanto receitas propriamente ditas quanto ganhos. A receita surge no curso das atividades usuais da entidade e é designada por uma variedade de nomes, tais como vendas, honorários, juros, dividendos, royalties, aluguéis.

Capítulo 7

Assim, por meio desses pronunciamentos, pode-se destacar que, apesar das diferenças existentes entre receitas e ganhos, elas apresentam uma natureza similar: a de aumentar o benefício econômico da entidade. Dessa maneira, as receitas ficam delimitadas às atividades usuais da entidade a ser contabilizada, enquanto os ganhos podem surgir além das atividades corriqueiras, não sendo o objetivo-fim da corporação que divulga as informações. Cabe salientar que a definição de atividade usual da empresa está sujeita a interpretações: uma atividade que poderia não ser considerada como atividade-fim de uma empresa, tal como transações financeiras e operações de *swap*, por exemplo, são realizadas de maneira rotineira e são esperadas por acionistas e demais *stakeholders*.

7.1.1.2 Reconhecimento de receitas

O reconhecimento de receitas para a contabilidade pode ser conflitante do ponto de vista econômico: apesar de o processo de criação de receitas ser contínuo, muitas vezes o reconhecimento é realizado em um momento único.

O FASB enfatiza que a receita deve ser reconhecida quando for obtida e realizada ou realizável. Pelo CPC 30 (2009), o reconhecimento de receitas deve ser realizado quando for provável que os benefícios econômicos associados à transação fluirão para a entidade. O termo **provável** é relevante em inúmeros casos os quais não há um determinante exato da obtenção da receita. Hendriksen e Van Breda (1999) ainda acrescentam que a mensuração da receita deve ser verificável e isenta de distorções.

Iudícibus (2009) aponta que o reconhecimento deve ser feito no momento em que o **mercado** atribui um valor ao produto ou serviço, quando é possível mensurar as despesas associadas à produção e quando for realizada a transferência ao cliente. O autor salienta que a transferência de titularidade do produto não é característica essencial ao reconhecimento da receita, uma vez que alguns produtos ou serviços não têm um momento bem definido com relação à transferência.

Essa observação feita por Iudícibus (2009) com relação às características peculiares de alguns produtos e serviços é base de uma nova instrução dada pelo *International Financial Reporting Standards* (IFRS), por meio do documento intitulado "IFRS 15 – Receita de Contratos com Clientes". Na tentativa de aproximação das normas contábeis propostas pelo IFRS e *Generally Accepted Accounting Principles in the United States* (US GAAP), essa norma tem como princípio fundamental: o reconhecimento da receita pela entidade deverá descrever a transferência de bens ou serviços prometidos ao cliente de um modo que reflita o que a entidade espera receber em troca desses bens ou serviços. Visando diminuir as incertezas do momento do reconhecimento de receitas, especialmente, em empresas relacionadas à telecomunicação, construção civil e *software*, a regra prevê que a partir de 2017, deverá ser utilizado um modelo de cinco etapas a fim de determinar o momento do reconhecimento da receita:

1. Identificar o tipo de contrato.
2. Identificar as obrigações de desempenho.
3. Determinar o preço da transação.
4. Alocar o preço de transação às obrigações de desempenho.
5. Reconhecer a receita no momento do cumprimento da obrigação de desempenho.

Os esforços realizados para melhor definir o momento do reconhecimento mostram que não há uma fórmula única a ser utilizada em todas as diferentes situações. Devido ao número de novos produtos e serviços, às diferentes formas de comercialização de produtos que surgem no decorrer do tempo e à evolução das transações comerciais, a contabilidade precisa acompanhar e realizar suas modificações para melhor representar a realidade financeira da entidade.

7.1.2 Despesa

Nesta seção passaremos pelas diferentes contextualizações referentes ao termo **despesas**, sobretudo com a intenção de demonstrar como esse conceito evoluiu ao longo dos anos, culminando com as atuais definições adotadas pelos emissores de normas contábeis.

7.1.2.1 Conceitos existentes

As despesas, de forma genérica, podem ser consideradas como variações desfavoráveis dos recursos da empresa. Hendriksen e Van Breda (1999) salientam que só são consideradas despesas os gastos dos fatores de produção utilizados para obter receitas; caso contrário, seriam consideradas perdas. O CPC 00 (R1) (2011) ressalta a natureza similar entre despesas e perdas, e, tais como receitas e ganhos, a definição de despesa dentro da estrutura conceitual também abrange as perdas.

A caracterização de despesa como custo incorrido para geração de receitas exclui as reduções de receitas, tais como devoluções, perdas com clientes, descontos e demais itens relacionados com atividades de venda. Esses valores são redução do valor recebido em troca do produto e não estão relacionados a despesas ou gastos. Os ajustes de patrimônio também não

Capítulo 7

são despesas, tais como gastos operacionais em venda de ações e obrigações incorridas em associação com transação de capital.

7.1.2.2 Registro de despesas

O registro de despesas deve ser realizado de forma que haja a vinculação direta entre o dispêndio e a obtenção de receita, o que nem sempre é algo trivial. Um exemplo trazido por Hendriksen e Van Breda (1999) são as despesas do vendedor em visitas a um potencial cliente: a venda de produtos e a geração de receitas podem não acontecer imediatamente; de fato, tal receita pode não ocorrer se não houve sucesso nas negociações.

A vinculação entre despesas e receitas está ligada ao regime de competência: a mensuração do lucro líquido deveria representar as diferenças entre as receitas registradas em um dado período e as despesas associadas a essas receitas. A contabilidade de custos pode auxiliar para vincular os custos indiretos na produção com a geração de receita no período de apuração do lucro da entidade. Porém, dada a dificuldade de atribuir algumas despesas à geração de receitas, abre-se a oportunidade de gerenciamento de lucros e a possibilidade de "normalizar" resultados com intuito de encontrar ou superar expectativas de analistas financeiros, discutida por muitos autores em recentes revistas acadêmicas.

As dificuldades de registro de despesas impactam na determinação do lucro do período, com duas abordagens para seu cálculo: o conceito *all inclusive* e o *current operating* (IUDÍCIBUS, 2009). O conceito de lucro *all inclusive* apresenta aspecto globalizante, em que **todas** as despesas e receitas reconhecidas no período corrente serão atribuídas ao exercício, exceto transações de capital e distribuição de dividendos. Por outro lado, o lucro calculado pelo modo *current operating concept* tem um aspecto mais "limpo", em que somente as despesas e receitas realizadas e reconhecidas durante o exercício são incluídas. Desse modo, as despesas passadas não poderiam ser confrontadas com receitas correntes e, consequentemente, não seriam incluídas na demonstração de resultado. O cálculo do lucro pelo prisma *current operating* é criticado por Hendriksen e Van Breda (1999) e também por Iudícibus (2009): uma vez que o resultado de uma entidade é a soma de atividades e eventos de vários períodos, segregar as despesas de períodos passados das demonstrações do exercício atual não teria mérito.

7.1.3 Ganhos e perdas

Iudícibus (2009) define ganhos e perdas como resultados líquidos favoráveis (ganhos) ou desfavoráveis (perdas) resultantes de transações ou eventos não relacionados às operações normais da entidade. Dessa definição, fica evidente a distinção de receitas e despesas e ganhos e perdas: a sua relação com as atividades operacionais da empresa.

Sob outra perspectiva, Hendriksen e Van Breda (1999) não veem necessidade da distinção entre receitas e ganhos, desde que mantidas as classificações nas demonstrações contábeis para um melhor entendimento da origem dos ganhos aos usuários da informação contábil. Essa visão vai de encontro à estrutura conceitual contida no CPC 00 (R1) (2011). Enquanto, as perdas seriam resultado de eventos externos e exógenos não previstos como necessários para o processo de geração de receitas. De fato, a estrutura conceitual, conforme abordado anteriormente, faz uma breve diferenciação entre receitas e ganhos e despesas e perdas, mas sempre ressaltando a sua comum natureza. Por conta dessa natureza similar, a estrutura conceitual disposta no CPC 00 (R1) (2011) não considera como elemento separado os ganhos das receitas e as perdas das despesas.

7.1.4 Contas de resultado e balanço patrimonial

As contas de resultado têm impacto direto no patrimônio líquido e no balanço patrimonial. As receitas e ganhos são caracterizados pelo aumento no patrimônio líquido por meio do aumento concomitante de ativo (IUDÍCIBUS, 2009). As despesas e perdas estariam relacionadas à redução do patrimônio líquido por meio da redução de ativo e/ou aumento de passivo.

À luz do conceito de ativo trazido por Martins (1972, p. 44), o qual o define como "futuro resultado econômico que se espera obter de um agente", pode-se extrapolar essa definição e utilizá-la para também caracterizar o passivo e o patrimônio líquido tal como ativos. Uma vez que o ativo, segundo essa definição, não é estritamente definido como positivo ou negativo, permite-se caracterizar o passivo como um **ativo negativo**, tendo em vista que não deixa de ser um resultado econômico esperado de um dado agente. Enquanto o patrimônio líquido seria um **ativo residual**, que nada mais é seu resultado econômico esperado.

Da mesma forma, apresentam-se os conceitos de receitas e despesas, bem como ganhos e perdas, e ao relacioná-los com o conceito de ativo realizado por Martins (1972): os quais nada mais seriam do que a **mais-valia** do ativo: um valor gerado pela utilização dos ativos pela empresa. O conceito de mais-valia, introduzido por Marx (1996), refere-se ao excedente sobre o valor original gerado na produção capitalista: o valor original é mantido em circulação junto ao acréscimo dessa valorização, que se transforma em capital. Assim, o lucro de uma entidade seria resultado do excedente gerado em suas atividades.

Capítulo 7

7.1.5 Lucro

Um único conceito de lucro não é capaz de atender a todas as finalidades dos usuários, conforme defendem Hendriksen e Van Breda (1999), principalmente porque não há uma forma definitiva de conceituar lucro ou de mensurá-lo que seja amplamente aceita por contadores e economistas (SOLOMONS, 1961).

Em virtude dessa dificuldade em estabelecer a melhor definição ou a melhor forma de mensuração do lucro, duas são as possibilidades: (i) encontrar uma forma de mensurar o lucro que satisfaça a maioria dos objetivos vinculados à sua mensuração; ou (ii) estabelecer medidas que atendam aos diversos objetivos de sua mensuração. Assim, dada a complexidade da mensuração do lucro, uma questão para reflexão é importante: **Qual a utilidade do conceito de lucro?**

Solomons (1961) elenca três situações em que a definição do lucro e sua forma de mensuração aparentemente são necessárias: (i) para o cálculo do tributo; (ii) para a determinação da política de dividendos; e (iii) como guia para a política de investimentos.

Em relação ao cálculo do tributo, o conceito de lucro é universalmente aceito como uma "boa" mensuração da capacidade tributável de uma entidade. No entanto, Solomons (1961) questiona essa ideia defendendo que medir a capacidade de pagamento de tributos com base no que a contribuinte gasta é também bastante razoável e, por isso, a definição de lucro para fins tributários seria desnecessária.

No que se refere à definição do lucro para a determinação da política de dividendos, acredita-se que a distribuição dos dividendos com base no conceito de lucro líquido não provoca perdas consideráveis no patrimônio líquido e, em virtude disso, os credores aparentemente não seriam prejudicados pela distribuição aos proprietários.

No entanto, Solomons (1961) acredita que é muito mais razoável garantir que o patrimônio da entidade esteja intacto depois da distribuição de dividendos ou que uma quantidade de ativos seja reservada para o cumprimento das obrigações com os credores do que simplesmente distribuir dividendos com suporte na ideia de lucro líquido. Ainda, o autor afirma que a obrigatoriedade do dividendo mínimo obrigatório com base no conceito de lucro em alguns países pode ocasionar na realidade distribuição de capital, além de comprometer a solvência da entidade.

Outra utilidade atribuída ao lucro refere-se à sua capacidade de ser um guia para as decisões de investimento, ou seja, sua capacidade em medir o sucesso de um projeto em uma economia competitiva. Para Solomons

Receitas, despesas, ganhos, perdas e lucros

(1961), a medida de sucesso de um projeto está muito mais relacionada à sua capacidade de gerar fluxo de caixa, por meio da ideia de valor presente líquido, por exemplo, do que propriamente pela mensuração do lucro.

Dessa forma, verifica-se que a utilidade do conceito de lucro amplamente aceita é questionável nas situações práticas que mais demandam por sua definição. Mas, apesar disso: **O que então seria lucro e como mensurá-lo? O que é lucro econômico e o que é lucro contábil? Qual a diferença de mensuração entre eles?**

7.1.6 Lucro econômico e lucro contábil

Hendriksen e Van Breda (1999) apresentam a definição de lucro na voz de:

- **Irving Fisher (1906):** entende que o capital é a representação concreta dos serviços futuros e que, vinculado ao conceito de capital, o lucro então seria o desfrute desses serviços em um dado período.
- **Adam Smith (1776):** afirma que o lucro é o montante que poderia ser consumido sem reduzir o capital.
- **Hicks (1946):** assegura que o lucro é o montante que se pode gastar durante um período e ainda estar tão bem ao final do período quanto no início, pois se trata do excedente após a manutenção do bem-estar, porém antes do consumo.

Os autores definem lucro baseado na **preservação da riqueza**, em que o lucro é a variação do patrimônio de uma empresa durante um período, e na **maximização**, em que o lucro é visto como um teste de sucesso ou insucesso das operações de uma entidade à medida que o retorno é superior ao dispêndio realizado (HENDRIKSEN; VAN BREDA, 1999).

Analisando os conceitos apresentados, verifica-se que em sua maioria requerem a mensuração do patrimônio líquido no início e ao final de um determinado período como requisito para a mensuração do lucro. No entanto, essas definições não são universalmente aceitas e não existe um consenso acerca de como realizar a mensuração do lucro entre economistas e contadores, por exemplo.

O conceito de lucro de Hicks (1946) pode ser adaptado para a entidade. Assim, para Hicks o lucro de uma empresa é a quantidade adicionada ao patrimônio líquido durante um período como uma espécie de indenização pelo capital contribuído pelos donos ou por qualquer distribuição realizada para eles (SOLOMONS, 1961). Considerando que o lucro contábil é a figura que reconcilia o valor do patrimônio líquido inicial com o valor do patrimônio líquido final no balanço patrimonial, tem-se que conceitualmente

Capítulo 7

a definição do lucro contábil e a definição econômica de lucro fornecida por Hicks apresentam semelhanças.

Vale destacar que apesar de conceitualmente as ideias parecerem semelhantes, as sugestões de mensuração do lucro econômico propostas por Hicks e a de mensuração proposta pela contabilidade são divergentes. Para Hicks, a mensuração do lucro implica avaliar a expectativa de recebimento líquido relativo ao patrimônio líquido. Enquanto para a contabilidade é necessário avaliar os ativos líquidos com base nos custos a realizar. Assim, a principal diferença entre eles está na ideia de realização, pois a contabilidade considera a realização como um teste para o surgimento do lucro, conforme afirma Solomons (1961).

Dessa forma, Solomons (1961) propõe a seguinte reconciliação entre o lucro contábil e o lucro econômico:

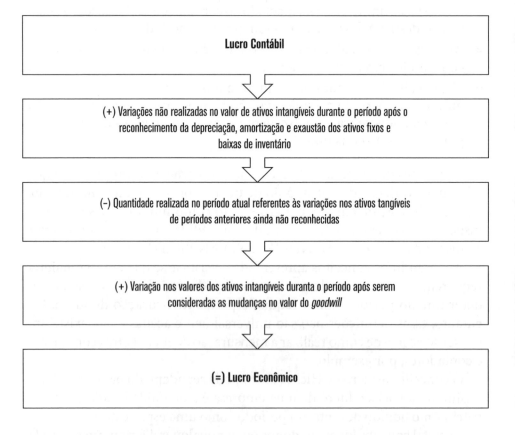

Figura 1 – Reconciliação entre o lucro contábil e o lucro econômico.
Fonte: Baseado em Solomons (1961).

Conforme abordado anteriormente, a principal diferença entre as mensurações econômicas de Hicks e a contábil refere-se à realização, condição necessária para que a contabilidade reconheça o lucro.

Segundo Solomons (1961), o princípio da realização defendido pelos teóricos de contabilidade é proveniente da ideia da relação "fruto e árvore", que defende que é possível avaliar o fruto de uma determinada árvore sem necessariamente avaliar a árvore. Ou seja, para a contabilidade, é possível avaliar o lucro de uma entidade sem necessariamente precisar avaliar o real valor do patrimônio dessa mesma entidade.

Entretanto, a escolha da melhor forma de mensuração do lucro, contábil ou econômico, depende do propósito que se almeja. Assim, ao analisar a forma de mensuração do lucro, Solomons (1961) recomenda a análise dos critérios de utilidade e de objetividade ao investigar as metodologias de mensuração do lucro.

Para o autor, apesar de o lucro contábil apresentar lacunas quanto à utilidade da informação e inconsistências na mensuração do desempenho econômico, principalmente, pelo não reconhecimento dos intangíveis como o *goodwill*, por exemplo, ele se supera no critério objetividade. Ao contrário, o lucro econômico apresenta demasiada subjetividade na mensuração do desempenho econômico, mas apresenta informações relevantes acerca do sucesso ou insucesso do negócio. Trata-se do *trade-off* custo-benefício da informação.

Em síntese, ao analisar as diferenças entre as formas de mensuração do lucro contábil e econômico, verifica-se que há diferenças no curto prazo que são decorrentes da necessidade de determinar o lucro em periodicidade de tempo.

Breves conclusões

As definições apresentadas ao longo deste capítulo indicam que as principais divergências entre os termos receitas e despesas *versus* ganhos e perdas decorrem da natureza temporal de tais elementos. Enquanto receitas e despesas configuram-se como itens recorrentes junto aos resultados anuais, ganhos e perdas destacam-se por terem ligações com eventos esporádicos ou sazonais. Dessa maneira, distinguir corretamente tais nomenclaturas implica uma compreensão mais acurada da forma pela qual as empresas são beneficiadas ou impactadas por itens que não necessariamente se repetirão em exercícios futuros.

Capítulo 7

Já com relação ao lucro contábil e ao lucro econômico, verificou-se que uma das maiores distinções entre esses conceitos decorre do reconhecimento, ou não, do custo de oportunidade. A contabilidade financeira, em prol do expediente da verificabilidade, não consegue alcançar a representação junto aos seus relatórios de conceitos extremamente subjetivos. Já a economia em sua proposta não está sujeita a limitações impostas por regras, sobretudo porque não tem por finalidade atender a uma gama variada de usuários com um mesmo conjunto informacional. Entretanto, cabe destacar a interessante proposta de Solomons (1961) para a conciliação de ambos os conceitos.

Referências

COMITÊ DE PRONUNCIAMENTOS CONTÁBEIS (CPC). CPC 30 – Receitas (ago. 2009). Disponível em: <http://www.cpc.org.br/pdf/CPC_30.pdf>.

_____. CPC 00 (R1) – Estrutura Conceitual para Elaboração e Divulgação de Relatório Contábil-Financeiro (dez. 2011). Disponível em: <http://static.cpc.mediagroup.com.br/Documentos/147_CPC00_R1.pdf>. Acesso em: 5 set. 2017.

FISHER, I. *The nature of capital and income*. London: Macmillan & Co Ltd., 1906.

FRIEDMAN, M. *Capitalismo e liberdade*. São Paulo: Nova Cultural, 1985.

HENDRIKSEN, E. S.; VAN BREDA, M. F. *Teoria da contabilidade*. 5. ed. São Paulo: Atlas, 1999.

HICKS, J. R. *Value and capital*: an inquiry into some fundamental principles of economic theory. Oxford: Clarendon Press, 1946.

INTERNATIONAL ACCOUNTING STANDARDS BOARD (IASB). IFRS 15 – Revenue from contracts with customers. London: IASB – Red Book. 2016.

_____. Revenue Recognition. Projects: work plan for IFRS (2012). Disponível em: <http://www.ifrs.org/Current-Projects/IASB-Projects/Revenue-Recognition/Pages/Revenue-Recognition.aspx>. Acesso em: 15 out. 2015.

INTERNATIONAL FEDERATION OF THE PHONOGRAPHIC INDUSTRY (IFPI). Global recorded music sales totalled US $ 15 billion in 2014. Global Statistic (2015). Disponível em: <http://ifpi.org/global-statistics.php>. Acesso em: 5 set. 2017.

INTERNATIONAL FINANCIAL REPORTING STANDARDS (IFRS). IFRS 15 – Revenue from contracts with customers. International Accounting Standards Board (IASB), 2014.

IUDÍCIBUS, S. *Teoria da contabilidade*. 9. ed. São Paulo: Atlas, 2009.

JOHNSON, S. The creative apocalypse that wasn't. *New York Times Magazine*. 19 ago. 2015. Disponível em: <http://www.nytimes.com/2015/08/23/magazine/the-creative-apocalypse-that-wasnt.html?_r=0>. Acesso em: 5 set. 2017.

MARTINS, E. *Contribuição à avaliação do ativo intangível*. Tese (Doutorado), Faculdade de Economia, Administração e Contabilidade, Universidade de São Paulo, 1972.

MARX, K. *O capital*: crítica da economia política. Rio de Janeiro: Nova Cultural, 1996. v. I.

PONTUAL, Jorge. Novas tecnologias podem ajudar na criação artística. *Globo-News em Pauta*. 19 ago. 2015. Disponível em: <http://g1.globo.com/globo-news/globo-news-em-pauta/videos/t/todos-os-videos/v/novas-tecnologias--podem-ajudar-na-criacao-artistica/4406468/>. Acesso em: 5 set. 2017.

SMITH, A. *An inquiry into the nature and causes of the wealth of nations*. Edwin Cannan, ed. 1904.

SOLOMONS, D. Economic and accounting concepts of income. *The Accounting Review*, v. 36, n. 3, p. 374-383, 1961.

Estudo de caso 1

Contextualização do mercado global

O mercado musical foi alavancado nos últimos anos com a revolução tecnológica, e aquilo que parecia uma ameaça tornou-se um forte aliado: a princípio, o esperado era que haveria uma queda drástica na receita com as vendas de produtos, tais como CDs e DVDs, devido à alta acessibilidade e ao fácil compartilhamento dos produtos musicais por meio de *sites* de *download* gratuito e dos aplicativos *on-line* vinculados aos computadores, *tablets, smartphones* e *smart TVs,* tais como: Vevo®, Spotify®, Pandora®, Rdio®, Netflix®, entre outros. No entanto, ao contrário do que se esperava, a revolução tecnológica propiciou o aumento da receita e a redução de custos, uma vez que a atividade foi beneficiada pelos avanços tecnológicos com *softwares* e com uma diversidade de instrumentos altamente avançados que propiciaram um abatimento relevante no montante desembolsado em relação a períodos anteriores.

Por sua vez, o *Future of Musicians Coalition*, órgão não governamental criado nos Estados Unidos no início do século XXI, publicou recentemente

Capítulo 7

uma listagem com mais de 46 fontes de receita possíveis aos empreendedores da área. Evidenciando, assim, um aumento considerável nas fontes de receita que até então estavam voltadas quase exclusivamente para a venda de CDs e DVDs e *shows* ao vivo. Nota-se que 13 dessas fontes de receita não existiam há 15 anos e aproximadamente 50% delas surgiram por meio da esfera digital, na qual se encontram as licenças para filmes e televisão, receitas com parceiros do YouTube e as *royalties* para *ringtones.*

A revolução tecnológica e a globalização proporcionaram uma imersão da corporação artística em nível global, ou seja, a música deixa de ser algo local e regional, e passa a ser difundida ao redor do mundo em tempo real pela internet. Tal fato proporcionou o surgimento de receitas digitais que se tornaram uma das maiores fontes atuais de riqueza dessas organizações.

No cenário mundial da indústria de gravação no âmbito do mercado musical, as receitas em 2014 evidenciaram uma contribuição significativa das receitas digitais, num percentual de 46%, representando um crescimento de 6,9% em relação a 2013, de acordo com os dados da *International Federation of the Phonographic Industry* (IFPI, 2015).

Destarte, evidencia-se para o mercado musical a importância da receita digital, configurando-se como uma das atuais e principais fontes de renda das organizações de tal setor. Assim, destaca-se a necessidade de delimitação dessa receita, diferenciando-a da oriunda da venda de produtos físicos e outras fontes, visando atender à necessidade de informação detalhada por analistas e investidores, implicações diferenciadas para fins fiscais e de tributação e o impacto na análise de transação (cliente e distribuição do produto) das organizações ao atender um público-alvo com interesse específico em produtos.

Referências complementares – Estudo de caso 1

JOHNSON, S. The creative apocalypse that wasn't. *New York Times Magazine.* 19 ago. 2015. Disponível em: <http://www.nytimes.com/2015/08/23/magazine/the-creative-apocalypse-that-wasnt.html?_r=0>.

PONTUAL, Jorge. Novas tecnologias podem ajudar na criação artística. *GloboNews em Pauta.* 19 ago. 2015. Disponível em: <http://g1.globo.com/globo-news/globo-news-em-pauta/videos/t/todos-os-videos/v/novas-tecnologias-podem-ajudar-na-criacao-artistica/4406468/>. Acesso em: 27 set. 2017.

Receitas, despesas, ganhos, perdas e lucros

Estudo de caso 2

A empresa multinacional Smart Music® iniciou suas atividades no mercado musical em 1950. Atualmente, tornou-se uma das maiores gravadoras da indústria fonográfica do mundo, com um faturamento anual total de 5 bilhões de dólares.

Durante décadas as principais fontes de receita da empresa focaram a comercialização de CDs e DVDs, bem como a produção de *shows* dos artistas.

Com a introdução das novas tecnologias e a disseminação artística pela internet, a Smart Music®, em 2013, investiu aproximadamente 3 milhões de dólares na criação de uma plataforma social para música. Ela contém áudios, vídeos e conteúdos para *download* de artistas que possuem contratos com a gravadora, além de promoções da empresa. Isso permitiu a sua rápida inserção e expansão no mundo tecnológico digital.

Em decorrência disso, observa-se um reflexo nas receitas da companhia em 2014. Houve um aumento considerável na diversidade das fontes de receita, além da redução de custos operacionais. As receitas migraram rapidamente do modo convencional, tal como mencionado, para as receitas digitais, e estas representam 53% do faturamento da organização. As despesas oriundas das transações digitais são reconhecidas conjuntamente com suas respectivas receitas.

Em um levantamento prévio, foram identificadas como receita digital da Smart Music®, referente ao período de 2014, as receitas com venda digital de músicas, de vídeos e de *ringtones,* a publicidade/propaganda no *site*, a taxa para ouvir de modo ilimitado um determinado álbum musical, assinatura de canal no YouTube, aplicativos móveis, entre outras.

Em decorrência do novo cenário empresarial em que a Smart Music® se encontra, o conselho administrativo da organização decidiu contratar a sua empresa de consultoria contábil para verificar quais são os melhores procedimentos contábeis a serem adotados visando a melhor evidenciação das suas operações.

Apresente o seu ponto de vista sobre a melhor forma de reconhecer e evidenciar a receita digital da empresa Smart Music® de modo que esta represente fidedignamente e de maneira relevante a realidade empresarial.

Capítulo 7

Questões de múltipla escolha

1. As despesas e receitas podem ser diferenciadas dos ganhos e perdas por meio de:
   a) contabilização diferenciada na apuração do resultado.
   b) poder relacioná-las às atividades normais da entidade.
   c) poder relacioná-las às atividades não usuais da entidade.
   d) não há diferença conceitual entre elas.
   e) impactarem diretamente no lucro da entidade.

2. Assinale a alternativa que **não apresenta** um objetivo específico de se mensurar o lucro de uma entidade:
   a) a mensuração do lucro é relevante para verificar a continuidade da entidade.
   b) o lucro é instrumento de predição dos investimentos realizados pela entidade.
   c) o lucro pode ser utilizado como medida de desempenho para decisões gerenciais.
   d) o lucro é instrumento utilizado apenas para fins fiscais.
   e) o lucro é medida de eficiência da entidade.

3. O lucro contábil:
   a) atende a todas as finalidades de informações dos investidores.
   b) possui um conceito que ainda não se encontra claramente formulado.
   c) corresponde à informação de maior utilidade publicada pelas entidades.
   d) possui base teórica permanente para o cálculo e apresentação.
   e) corresponde à base de cálculo de tributos, sendo esta sua principal finalidade.

4. São consideradas despesas:
   a) dispêndios realizados para obtenção de receitas.
   b) devolução de mercadorias.
   c) gastos operacionais em venda de ações.
   d) descontos concedidos.
   e) ajustes de patrimônio.

5. A respeito da mensuração e do reconhecimento de receitas e de despesas, analise as afirmativas a seguir:
   I. A receita possui duas formas de mensuração: (i) o valor de troca do produto ou serviço da empresa representa o equivalente ao caixa ou o valor presente de direitos monetários a serem recebidos; ou (ii) o valor acordado entre comprador e vendedor.

Receitas, despesas, ganhos, perdas e lucros

II. O registro de receitas nas demonstrações contábeis é realizado apenas no momento da venda.

III. O registro de despesas nas demonstrações contábeis é realizado de forma que haja a vinculação direta entre o dispêndio e a obtenção de receita.

IV. A regra de reconhecimento em contabilidade aponta que o item deve corresponder unicamente à definição do elemento.

Assinale a alternativa que contenha a resposta correta:

a) Apenas I, II e III estão corretas.

b) Apenas I e III estão corretas.

c) Apenas II, III e IV estão corretas.

d) Apenas II e III estão corretas.

e) Apenas II e IV estão corretas.

6. Assinale a alternativa que apresenta uma característica relacionada às receitas:

a) Decréscimo nos benefícios econômicos durante o período contábil sob a forma de saída ou redução de ativos ou incremento em passivos.

b) Componente de variação que não está relacionado à atividade produtiva da entidade, podendo ocorrer do esforço da entidade em gerar lucro e/ou de retornos não esperados.

c) A "boa" mensuração da capacidade tributável de uma entidade.

d) O montante que se pode gastar durante um período e ainda estar tão bem ao final do período quanto no início.

e) O ingresso bruto de benefícios econômicos durante o período observado no curso das atividades ordinárias da entidade que resultam no aumento do seu patrimônio líquido.

7. Sobre a dicotomia lucro contábil e lucro econômico, assinale a alternativa que apresenta a sequência correta:

I. Apresenta demasiada subjetividade na mensuração do desempenho econômico.

II. Realiza o confronto entre receitas realizadas e despesas no período.

III. Os ativos são avaliados a base de custos originais.

IV. Proporciona o aumento da riqueza e da distribuição de dividendos.

V. Reconhece ganhos não realizados e goodwill.

VI. O patrimônio líquido aumenta pelo lucro.

a) Lucro contábil; lucro contábil; lucro contábil; lucro econômico; lucro econômico; lucro econômico.

b) Lucro econômico; lucro contábil; lucro econômico; lucro contábil; lucro econômico; lucro contábil.

Capítulo 7

c) Lucro econômico; lucro econômico; lucro econômico; lucro contábil; lucro contábil; lucro contábil.

d) Lucro econômico; lucro contábil; lucro contábil; lucro econômico; lucro econômico; lucro contábil.

e) Lucro contábil; lucro contábil; lucro econômico; lucro econômico; lucro contábil; lucro econômico.

8. Entre as possíveis diferenças entre o valor do lucro contábil e o lucro econômico de uma entidade, pode ser apontado o montante atribuído aos intangíveis. Nesse contexto, tais lucros diferenciam-se em decorrência da condição necessária para que a contabilidade reconheça o valor do intangível baseada:

a) na mensuração.

b) na realização.

c) na posse.

d) na propriedade.

e) no direito de uso.

9. Sobre a **IFRS 15 – Receita de Contratos com Clientes**, analise as afirmativas a seguir:

I. O momento do reconhecimento da receita ocorre no modelo de cinco etapas: (i) identificar o tipo de contrato; (ii) identificar as obrigações de desempenho; (iii) determinar o preço da transação; (iv) alocar o preço de transação às obrigações de desempenho; e (v) reconhecer a receita no momento do cumprimento da obrigação de desempenho.

II. A transferência de titularidade do produto não é característica essencial ao reconhecimento da receita, uma vez que alguns produtos ou serviços não têm um momento bem definido com relação à transferência.

III. O princípio fundamental desta norma é: a entidade deveria reconhecer a receita para descrever a transferência de bens ou serviços prometidos ao cliente de modo que reflita o que a entidade espera receber em troca desses bens ou serviços.

IV. O conceito de receita apresentado é: o ingresso bruto de benefícios econômicos durante o período observado no curso das atividades ordinárias da entidade que resultam no aumento do seu patrimônio líquido, exceto os aumentos de patrimônio líquido relacionados às contribuições dos proprietários.

Assinale a alternativa que contenha a resposta correta:

a) Apenas I, II e III estão corretas.

b) Apenas I, III e IV estão corretas.

c) I, II, III e IV estão corretas.

d) Apenas II e III estão corretas.

e) Apenas II, III e IV estão corretas.

Receitas, despesas, ganhos, perdas e lucros

10. Sobre a abordagem do lucro *all inclusive*, pode-se afirmar que:

a) enfatiza os termos corrente e operacional.

b) determina que sejam excluídas as variações causadas em períodos anteriores.

c) é utilizada como medida de desempenho operacional corrente.

d) inclui os ajustes acumulados de exercícios anteriores na determinação do lucro.

e) possui mais relevância para comparação entre períodos que a abordagem *current operating*.

Questões para reflexão

- Contas de resultado
  - O que é receita?
  - O que é despesa?
  - O que é ganho?
  - O que é perda?
  - Seriam tais expressões equivalentes entre si, duas a duas (seriam receitas sinônimo de ganhos, e despesas sinônimo de perdas?)
  - Quais seriam as características que dão o contorno de uma definição de cada expressão dessas?
  - Quais as principais definições existentes?
  - Qual a relação entre os conceitos acima e os conceitos de ativo, passivo e patrimônio líquido?

- Lucro
  - O que é lucro?
  - O que é lucro contábil?
  - O que é lucro econômico?
  - Há conciliação entre o lucro econômico e o contábil?
  - E resultado abrangente, existe? Temos os fundamentos para reconhecer outros resultados abrangentes?
  - Qual a relação entre o resultado abrangente e o resultado econômico?
  - Por que a contabilidade não registra o lucro econômico? Dica: O problema dos ativos intangíveis não contabilizados e dos diferentes critérios de mensuração de ativo.

Capítulo 7

Referências adicionais para aprofundamento

BROMWICH, Michael; MACVE, Richard; SUNDER, Shyam. Hicksian income in the conceptual framework. *Abacus*, v., n. 3, 2010.

COMITÊ DE PRONUNCIAMENTOS CONTÁBEIS (CPC). *Estrutura Conceitual para a Elaboração e Apresentação das Demonstrações Contábeis*. Brasília: CPC, 2008.

HENDRIKSEN, Eldon S.; VAN BREDA, Michael F. *Teoria da contabilidade*. 5. ed. São Paulo: Atlas, 1999. (Capítulos 10 e 11.)

INTERNATIONAL ACCOUNTING STANDARDS BOARD (IASB). *Revenue from Contracts with Customers* (Basis for Conclusions + Illustrative Examples), 2015. (Itens BC2 a BC180.)

IUDÍCIBUS, Sérgio de. *Teoria da contabilidade*. 9. ed. São Paulo: Atlas, 2009. (Capítulo 9.)

REES, Lynn L.; SHANE, Philip B. Academic research and standard-setting: the case of other comprehensive income. *Accounting Horizons*, v. 26, n. 4, 2012.

SOLOMONS, David. Economic and accounting concepts of income. *The Accounting Review*, p. 681-698, out. 1966.